158

Merve Verlag

PERSPEKTIVEN DER TECHNOKULTUR
Hg. Peter Weibel
Institut für Neue Medien
an der Städelschule (Frankfurt/M.)

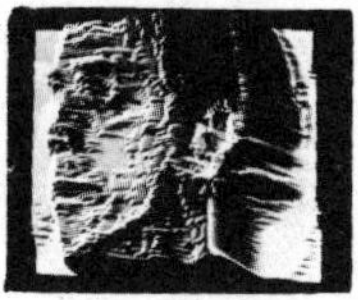

Oswald Wiener

Probleme der Künstlichen Intelligenz

Merve Verlag Berlin

Probleme der Künstlichen Intelligenz
Vortrag, gehalten am 12. und 13. Februar 1990
im *Institut für Neue Medien*
an der Städelschule, Frankfurt am Main.

1000 Berlin 15, Postfach 15 09 27. Printed in Germany.
Druck- und Bindearbeiten: Dressler, Berlin
Satz: Institut für Neue Medien und ant • target, Frankfurt am Main
Umschlagentwurf: Jochen Stankowski, Köln
ISBN 3-88396-078-0

Inhalt

Selbstbeobachtung

Wahrscheinlich weiß kein Mensch außer mir und ist es namentlich auch der Wissenschaft unbekannt, daß der Mensch alle Erinnerungen, die in seinem Gedächtnisse noch haften, vermöge der den Nerven davon verbliebenen Eindrücke, gewissermaßen *wie Bilder* in seinem Kopfe mit sich herumträgt. Diese Bilder sind in meinem Falle, wo die Beleuchtung des inneren Nervensystems durch Strahlen geliefert wird, einer willkürlichen Reproduktion fähig, in der eben das Wesen des Zeichnens besteht. ... Das Zeichnen (im Sinne der Seelensprache) ist der bewußte Gebrauch der menschlichen Einbildungskraft zum Zwecke der Hervorbringung von Bildern (und zwar vorwiegend Erinnerungsbildern) im Kopfe, die dann von Strahlen eingesehen werden. ... ich kann es beispielsweise blitzen oder regnen lassen ... ich kann etwa ein Haus unterhalb der Fenster meiner Wohnung brennen lassen usw. usw., Alles natürlich nur in meiner Vorstellung, so jedoch, daß die Strahlen, wie es mir scheint, davon den Eindruck haben, als ob die betreffenden Gegenstände und Erscheinungen wirklich vorhanden wären. Ich kann mich selbst an anderer Stelle, als wo ich mich wirklich befinde, z.B. etwa während ich am Klavier sitze, gleichzeitig als in weiblichem Aufputz im Nebenzimmer vor dem Spiegel stehend "zeichnen"; ... Das Zeichnen eines weiblichen Hinteren an meinen Körper - honny soit qui mal y pense - ist mir so zur Gewohnheit geworden, daß ich dies beim Bücken jedesmal fast unwillkürlich thue. Das "Zeichnen" in der vorstehend entwickelten Bedeutung glaube ich hiernach mit Recht im gewissen Sinne ein umgekehrtes Wundern nennen zu dürfen. Gerade so wie durch Strahlen namentlich in Träumen gewisse Bilder, die man (d.i. die mit Schreber kommunizierenden Seelen) zu sehen wünscht, auf mein Nervensystem geworfen werden, bin ich umgekehrt in der Lage, den Strahlen meinerseits Bilder vorzuführen, deren Eindruck ich diesen zu verschaffen beabsichtige.

Natürlich ist das "Zeichnen" in dem entwickelten Sinne mit einem ziemlich erheblichen Grad geistiger Anstrengung verbunden, ...

(Die dem Autor feindlichen metaphysischen Instanzen suchen) auch in der Regel die durch meine Zeichnungen entstehenden Bilder durch entsprechende Gegenwunder zu verwischen; indessen behaupte ich auch hierbei meistens den Sieg, d.h. die von mir beabsichtigten Bilder bleiben bei Einsetzung meines entschiedenen Willens für mich und die Strahlen sichtbar, wennschon sie dabei häufig undeutlicher werden oder nur in verblaßter Form auftreten.

Schreber (*1903*, 159-162)

Ockhams Devise, eine Einsicht, die in der Geschichte unserer Gedanken über das Denken immer wichtiger geworden ist, kann in der Praxis nicht mehr sein als eine Faustregel. "Suche die einfachste Struktur, die alle 'gesehenen' Bedingungen erfüllt" - diese Aufgabe erfordert

- Charakterisierungen der *Zeichen, für die eine in Frage kommende *Struktur eine *Form sein muß;[1]
- Finden derartiger Strukturen;
- Bestimmung und Auswahl der *umgebenden Strukturen;
- Einfügen der in Frage kommenden Strukturen in diese Umgebung.

Es ist nicht verwunderlich, daß Ockhams Prinzip so selten das ausschlaggebende Argument liefert, denn zu diesen Findungen, Bestimmungen und Auswahlen trägt es i.a. nur in derart verwickelter (und nicht effektiv meßbarer) Weise bei, daß es meist nur unbewußt und ungefähr - etwa als "Ästhetik" - zur Wirkung kommt.

Dem Behavioristen hat wohl eine Erklärung der Psyche im Stil der Fallgesetze als wissenschaftliches Ideal vorgeschwebt: Für eine prinzipielle Erklärung des Fallverhaltens scheidet man unzählige Faktoren als irrelevant aus, obwohl sie die Messungen erheblich beeinflussen können. Natürlich stellt sich auch hier schon die Frage, ob das in jedem Betracht sinnvoll sein wird. Eine Übertragung dieses Bildes auf das "Messen" des menschlichen und tierischen Verhaltens steht aber noch viel deutlicher vor dem Problem, daß die Berücksichtigung eines kleinen Unterschieds in den Erscheinungen oft einen erheblichen Umbau der Erklärungen erzwänge. Behaviorismus war möglich, weil man sich auf eine seichte "operationale" Klassifikation der Erscheinungen einigte. Eine tieferliegende Struktur dieser Klassen wäre auf 'Informationen' angewiesen, auf die der Behaviorismus verzichtet hat.

Speziell die KI-Forschung war in ihren ersten vierzig Jahren durch das Vorurteil schwer behindert: "Unsere Selbstbeobachtung trügt auf jedem Niveau" (Crick *1979*). Bis zum heutigen Tag hat die "kognitive Wissenschaft" mit einem klaren Abstand zum Behaviorismus Probleme. Das ist angesichts des vollständigen Versagens dieser Lehre bei der Erklärung des menschlichen Denkens nicht ganz leicht zu verstehen. Viele sehen den Behaviorismus offenbar immer noch auf allen Seiten vom Leib-Seele-Problem (vielleicht sollte man sagen "vom Problem des Leib-Seele-Problems") umspült, und in dieser Umgebung scheint er immer noch der einzige feste Grund. Bertrand Russell schrieb auf dem Höhepunkt dieser Doktrin: "Eine gewisse Schule der Psychologie ... behauptet, daß 'Introspektion' keine zulässige wissenschaftliche Methode sei und daß nichts Gegenstand der Wissenschaft sein könne, das sich nicht von interpersonalen

Gegebenheiten herleitet. Diese Ansicht scheint mir so absurd, daß ich sie übergehen würde, wäre sie nicht derart verbreitet" (*1948*, 59). ... Es ist heute Pflicht geworden, sich vom Behaviorismus mit der Beteuerung zu distanzieren, man setze nunmehr ja wieder auf "innere" Gegebenheiten des denkenden Apparats. Bis heute erscheinen diese Gegebenheiten jedoch einzig als Bilder aus der elementaren Informatik, die man gleich für eine zur Herstellung des Denkens selbst hinreichende Beschreibung der geistigen Vorgänge hält, oder neuerdings als informatische Bilder für Bilder aus der Neurologie (man denke an die wunderbare Rolle des Worts "Neuron" in der KI- Forschung). Diese Bilder - etwa die sogenannten "Symbolical Architectures for Cognition" oder gar die verschiedenen Darstellungen des denkenden Apparats durch Produktionssysteme, oder andrerseits das PDP-Paradigma (vgl. etwa Anderson *1983*, Laird, Newell und Rosenbloom *1987*, sowie Rumelhart et al. *1986*) - sind wie der Behaviorismus nichts als Beschreibungen extern registrierter, doktrinär vorklassifizierter Vorgänge. Sie sind, wie er, Produkte eher einer Dialektik der wissenschaftlichen Institutionen als einer Dialektik der Wissenschaft.[2] Vielfach gemahnt, wie Kritiker insinuiert haben, die kognitive Psychologie an eine Anthropologie, wie sie Marsmenschen (oder besser noch: Beamte) vielleicht betreiben würden; jedenfalls sehen manche ihrer Erkenntnisse so aus, als wären sie von ihren eigenen KI-Programmen produziert. Die ganze Entwicklung ist geradezu paradox, denn es gibt keine psychologische Theorie (ich meine sogar, überhaupt keine wissenschaftliche Theorie), die nicht letzten Endes in der Selbstbeobachtung wurzelte. Zur bisherigen Geschichte der KI behaupte ich jedenfalls, daß die Theorie in punkto Intelligenz so steril ist wie sie sich derzeit darstellt, weil man die Selbstbeobachtung methodisch und methodologisch gerade auf jenen Niveaus ausgeschlossen hat, auf die es ankäme.

Der gegenwärtige Zustand ist, daß Konsens sogar darüber fehlt, welche Vorgänge (oder Illusionen?) mit den Worten "Selbstbeobachtung" oder "Introspektion" eigentlich bezeichnet sind. Mir scheint die Anstrengung (z.B. Nisbett und Wilson *1977*) luxuriös, immer wieder zu argumentieren, daß Introspektion stets auf irgendeine (zugegebenermaßen schnell erreichte) Grenze stößt und daß sich der naive Selbstbeobachter bald überschätzt. Jedem, der Introspektion ernsthaft betreibt, ist deutlich, daß ganz verschiedenartige Vorgänge "Selbstbeobachtung" heißen, und daß diese verschiedenen Vorgänge offenbar in unterschiedlichem Maß verläßlich und einsichtsträchtig sind - die Anstrengung sollte sich heute auf Klassifikation dieser Vorgänge und auf das Einschätzen dieses Ausmaßes konzentrieren.

(0) Aus guten Gründen postuliert man eine sehr ausgedehnte Schicht von gesetzmäßigen Vorgängen im Körper, die in irgendeinem Sinn "kognitiv" genannt werden müssen, obwohl sie dem betroffenen Individuum überhaupt nicht oder nur indirekt zur Kenntnis gelangen (Dixon *1981* sammelt eine große Zahl einschlägiger Experimente und Hypothesen). Ganz offensichtlich ist diese Schicht entscheidend auch an allen "höheren" Vorgängen beteiligt, aber ihre Mechanismen können, als unsichtbares Glied unterhalb dieser Vorgänge, nur hypothetisch - von der Physiologie, von der Selbstbeobachtung, und, bei geeignetem Vorsehen, vom Verhalten her - erschlossen werden. Jener Sinn, und die engere Bedeutung von 'indirekt', 'Kenntnis' und 'Individuum' im vorletzten Satz warten auf Erklärung.

(1) Gewisse Resultate solcher Vorgänge können aber auch wie auf einem Schirm im Körper "sichtbar" werden.[3] Daß manches als Resultat oder Zwischenresultat sichtbar werden sollte, und anderes nicht, hat an sich natürlich nichts Rätselhaftes, wenn man annimmt, daß an gewissen Stellen eines physikalischen Systems Meßinstrumente eines

gesonderten (oder eines in bestimmter Hinsicht gesondert gedachten) Systems eingeschaltet sind - ein 'Schirm' eben - und an anderen nicht. Hier sind zunächst 'Wahrnehmungen' am eigenen Leib gemeint, propriozeptive 'Gefühle' (Völle etc., Müdigkeit) bis hin zum Bewußtwerden von 'Emotionen', 'Stimmungen' oder 'Neigungen'. Die Hauptfrage hinter diesen (vom Behaviorismus sehenden Auges ignorierten) Erscheinungen ist natürlich auch hier, welche Mechanismen den Schirm, auf dem sich das Wahrgenommene zeigt, reproduzieren könnten, und zusätzlich, wie dem gegenüber "das Wahrnehmende" beschaffen sein muß.

(2) Die nächste Stufe wäre das "Heraufrufen einer Vorstellung", wie man es etwa zur "Einfühlung" in die Situation eines anderen Menschen benötigt. Man "stellt sich eine Situation vor" und "nimmt die eigene Reaktion wahr": man "versteht den Anderen" dann. Es scheint mir verschroben, die hiebei zu machenden Wahrnehmungen beim Theoretisieren auszuschließen.

Es gibt weiters jene Bemühungen, klarzustellen, ob man sich in einem bestimmten 'mentalen Zustand' befindet, beziehungsweise in welchem (ob das Mitleid oder Schadenfreude werden soll; was ich hier überhaupt 'will'; ob dieses Gefühl Schmerz ist; ob ich jetzt eigentlich Angst habe; ob ich dies oder jenes glaube, und in welchem Grad von Bestimmtheit; ob ich eine bestimmte von mehreren 'gesehenen' Möglichkeiten vorzöge; etc.). Ich reagiere ja während des weitaus größten Teils meines wachen Lebens 'instinktiv', d.h. ohne meine Antworten auf die Umwelt bewußt mit Regeln oder Plänen oder überhaupt mit zur Verfügung stehenden Standardsituationen zu vergleichen.[4] Solche Klärungsversuche haben bereits große Ähnlichkeit mit dem aktiven Bemühen um "Einsichten", mit der Anstrengung, reproduzierbare und in ihrem Ablauf steuerbare

Zusammenhänge zwischen verschiedenen 'willkürlich' rufbaren 'Schirmbildern' herzustellen.
Die deutlichste Ausprägung erhalten diese Vorgänge während einer Bemühung um die Lösung mathematischer Probleme. Ich erlebe dann jeweils bestimmte Bewegungen des Schirmbildes, auch in dem Gefühl, selbst ihr Urheber zu sein, und versuche, Regelmäßigkeiten und Zusammenhänge der Bildelemente und ihrer Bewegungsweisen zu konstruieren.
(3) Während 'ich' beim Problemlösen normalerweise völlig auf die auf dem Schirm erscheinenden Problemelemente 'konzentriert' bin, gibt es 'willentlich' hervorrufbare Situationen, in denen ich weniger auf das der Lösung dienende Geschehen achte als vielmehr auf die Besonderheiten des jeweiligen Schirmbildes und auf sonstige Eigentümlichkeiten des ganzen Vorgangs. Das ursprüngliche Problemlösen entwickelt sich dabei nur schleppend und bleibt meist ohne Erfolg, da der "natürliche" Lauf des Schirmbildes ständig unterbrochen wird. Ich bin "weiter von ihm entfernt" als sonst, es läuft, wenn es läuft, deutlicher als sonst als "fremde" Maschine. Hingegen ist es mir sehr wohl möglich, die diversen Erscheinungsweisen und Abläufe des Schirmbildes zu beobachten und danach auch zu beschreiben. Sehr oft bemühe ich dabei auch die 'Erinnerung' an eben vorgefallene Ereignisse; ich habe den Eindruck, zwischen dem Problem-Ablauf auf dem Schirm und dem Feststellen dieser Ereignisse (intermittierendes Einrasten eines anderen Schirmbilds, genauer: einer anderen Laufumgebung) hin und her zu springen. Der ganze Vorgang ist eigentlich der selbe wie beim "unbeobachteten" Problemlösen, nur ist das "Problem" komplexer und quasi artifiziell in zwei Schichten zerlegt.

In der Literatur finden sich die Worte "Bewußtsein" ("consciousness", auch "awareness"), "Introspektion", "Selbstbeobachtung" usw. für die verschiedensten

Kombinationen der angedeuteten Vorgänge - bisweilen auch für die unter (0) angeführten.[5] Ohne weiter darauf einzugehen stelle ich hier klar, daß *für mich* "Introspektion" einzig den unter (3) angedeuteteten Aspekt des "detachierten Beobachters" von Formen und Ablaufweisen bezeichnet (s.u.a. auch Anmerkung 7). Die Vorgänge unter (0) nenne ich eben "unbewußt", während "bewußt" das Auftauchen von Schirmbildern charakterisiert, ungeachtet des Umfangs aller weiteren eventuell einsetzenden Bearbeitungen (Traumgeschehen z.B. ist bewußt); im Versuch einer feineren Unterscheidung könnte man jene "randständigen" Schirmbilder, die *scheinbar* keinen Einfluß auf das Geschehen haben, "halbbewußt" nennen. "Selbstbeobachtung" ist für mich gleichbedeutend mit "Introspektion". Selbstbeobachtung im engsten Wortsinn - die ein Ich auf dem Schirm hätte - gibt es in meiner Erfahrung nicht. (- Diese Bemerkungen können natürlich nicht als *Definitionen* dienen.)

Eine systematische Untersuchung und Bewertung all der angedeuteten Varianten von einem modernen Standpunkt aus kann nicht ausbleiben. Wie immer aber das Ergebnis im einzelnen ausfallen wird: die Introspektion scheint mir ein unerläßliches heuristisches Werkzeug für die Intelligenz-Forschung. In der Absicht, Bezugspunkte für die Erörterung der angestoßenen Argumente zu etablieren, breite ich im folgenden einen solchen heuristischen Ansatz aus. Ich möchte plausibel machen, daß sich *auch Selbstbeobachtungen - bis zu einem gewissen Grad* - in informatischen Formulierungen beschreiben lassen: daß es sich damit wie mit allen anderen Beobachtungen sonst auch verhält, daß nämlich Beschreibungsversuche in den Konstrukten einer wohlgegliederten Hypothese überhaupt erst zu Fragestellungen führen, in welchen das Beobachtete Kontur erhält (und damit eventuell auch zur Ablehnung der Hypothese beitragen kann); daß die bisherigen Bemühungen um Selbstbeobachtung vielleicht nur wegen des Fehlens eines ausdrucksstarken und zugleich genügend formalen Beschreibungsrahmens scheitern mußten.

Gewiß werden Beschreibungen der Selbstbeobachtung auch in der heutigen Situation noch viele Artefakte enthalten, die teils von den Unzulänglichkeiten des zur Verfügung stehenden Modells (der Computer in seinen zeitgenössischen Varianten), teils vom bisherigen unbekümmerten Einsatz dieses Modells her stammen, und teils eben aus der Suggestivität der Umgangssprache, der man sich kaum ganz entzieht. Insbesondere habe ich in dieser Hinsicht die störenden Einflüsse der Introspektion selbst im Auge (z.B. treten stets und unvermeidlicherweise Veränderungen des Schirmbildes auf, die sich gerade aus der beobachtenden Haltung ergeben). Nichtsdestoweniger erwarte ich von der Selbstbeobachtung Anstösse zu einer erfolgreichen Theorie, und eine erfolgreiche Theorie wird diese Artefakte in verschiedenen Schüben der internen Glättung ausmerzen, wie eben erfolgreiche Theorien mit ihren Windeiern normalerweise verfahren - es gibt keinen anderen Weg. Für den Anfang wäre es schon ein großer Gewinn, wenn man jene Stellen genauer bezeichnen könnte, an denen die heutige Computer-Metapher zur Beschreibung der Selbstbeobachtung zweifelhaft erscheint, und jedenfalls sollte im folgenden deutlich werden, daß in den bisherigen KI-Programmen wesentliche Schichten der menschlichen Intelligenz (und daher vermutlich der Intelligenz schlechthin) nicht repräsentiert sind. Über die Behinderung durch die natürlich auch mich vorprägende aboriginale Psychologie finden sich im weiteren verstreute Bemerkungen, besonders im letzten Abschnitt.

Ich müßte hier wenigstens eine einzige relevante Selbstbeobachtung in allen mir erreichbaren Facetten analysieren, aber das allein würde mehr Platz beanspruchen als der ganze vorliegende Aufsatz. Außerdem: Der einfachste und zugleich überzeugendste Weg wäre, wie gesagt, eine Beschreibung von Beobachtungen beim Zustandekommen von mathematischen Einsichten. Gewiß bauen sich auch die mathematischen *Vorstellungen über unbewußte Mechanismen auf, aber sie sind nicht derart verfilzt mit bei allem Mangel an Bewußtseinsfähigkeit auch noch irrelevanten Komponenten im Gesamtwissen eines Individuums, wie das bei seinen alltäglichen kleineren oder größeren Einsichten und Hantierungen der Fall ist, und auch die Anstrengung zum Verstehen und die Gestalt einer schließlich auftauchenden Einsicht sind deutlicher. Diesen Bereich zu wählen hieße indes von vornherein auf allgemeine Verständlichkeit verzichten, selbst wenn man sich auf ein elementares Niveau beschränken wollte.[6] Ich beziehe mich daher im Folgenden zwanglos, selektiv und oberflächlich auf Erscheinungen, von denen ich annehme, daß sie wenigstens in dieser Beiläufigkeit jedermann bekannt sind, und behaupte hier nur, daß ich meine Ausführungen aus den Aufzeichnungen meiner Selbstbeobachtungen detaillieren kann. Daß die solcherart sich ergebenden Verquickungen von Beobachtung und Spekulation an die Kritik des Lesers besondere Anforderungen stellen, ist einerseits also die unvermeidliche Folge meines Strebens, einem möglichst großen Kreis verständlich zu werden, und ich verhehle mir nicht, daß mein Plädoyer für die Selbstbeobachtung dadurch unnötig geschwächt wird; andererseits aber mögen gerade sie den einen oder den anderen Leser anregen, anhand eigener Introspektionen in die Diskussion einzugreifen.

Wie die Meisten beobachte ich den Mond sehr unsystematisch. Manchmal habe ich den direkten Eindruck einer Bewegung des Mondes. Aber das ist vom Zeitintervall abhängig. Während einer halbminütigen Konzentration, besonders bei Auf- oder Untergang, kann ich mehrere Male das 'Gefühl' haben, der Mond habe sich bewegt, etwa relativ zu einem Berg. Das Gefühl ist eigentlich nur: etwas hat sich verändert in seiner Stellung. Auch wenn ich die nötige Konzentration für Stunden aufbringen könnte, so hätte ich doch nur immer wieder intermittierend das gleiche Gefühl (auf das völlig ungelöste Problem "Gedächtnisarten" gehe ich hier nicht ein). Ich habe es nicht, wenn ich den Mond nur eine Sekunde lang beobachte; wenn ich ihn aber in größeren Abständen immer wieder kurz betrachte, habe ich oft ein *anderes* Bewegungsgefühl: ich fasse vielleicht die ganze nächtliche Bewegung des Mondes in einem schweifenden Blick zusammen, oder, wie es Kinder manchmal tun, sogar in einer Bewegung der Hand oder des ganzen Rumpfes. Diese Bewegung kommt deutlich aus mir selbst, denn sie zeichnet etwas nach, das ich gewiß nicht zur gleichen Zeit auch außen sehe.

Ich kann außerdem 'innere Bilder' des Mondes (und sonst der verschiedensten Dinge) erzeugen. Die näheren Umstände gehören sicherlich zu denen, die historisch zur Ablehnung der Selbstbeobachtung geführt haben, denn auch für die aufmerksamste Introspektion bleibt der Charakter dieser Bilder unklar. Schon die Behauptung, daß sie eindeutig einen jeweils visuellen, auditiven usw. Charakter haben, gilt nicht ohne Vorbehalte. Mit Überzeugung kann ich nur sagen, daß eine Ähnlichkeit der inneren Bilder mit dem Erscheinen von "Bildern der Außenwelt" "in den Sinnesorganen" insofern gegeben ist, als ich mich ihnen gegenüber vielfach so verhalte wie vor echten sensorischen - visuellen etc. - Wahrnehmungen. Sie stehen 'mir' als Gegenstände gegenüber (das motiviert den Ausdruck "Schirm"); teils verhalten sie sich nach "eigenen" Gesetzmäßigkeiten, teils kann 'ich' sie manipulieren; und sie *haben* visuelle (auditive etc.) Merkmale: es sind sozusagen alle Erwartungshaltungen da, der ganze Apparat, auf den ein Bild aus den Sinnesorganen fallen würde, und darüber hinaus versucht ein "Ersatzmechanismus", diese Erwartungen zu erfüllen.

Wenn ich die Natur eines solchen inneren 'visuellen' Bildes, etwa des Mondes, qua Bild studieren will, kann ich das nicht auf die gleiche Art tun wie bei einem Gegenstand, der mir vor Augen steht. Meine Hinwendung auf die Bildqualitäten zieht, so "fühle" ich es, einen Teil der Kapazität ab, welche zur Erzeugung des Bilds benötigt wird, und das Bild, das beim normalen Gebrauch anstandslos zu funktionieren scheint, zeigt sich mir von vornherein als verschwommen und unstabil, zerrinnt ständig, und hat, als Visualisierung, mit einem Anblick des Mondes wenig Ähnlichkeit. In kurzen Abständen muß ich die Selbstbeobachtung unterbrechen und versuchen, das Bild wiederherzustellen, aber es kommt nie zu jener von Anblicken her gewohnten Bestimmtheit, die eine konzentrierte Betrachtung ermöglichen würde. Versuche ich unverdrossen, das Bild zu stabilisieren, dann treten auf einmal 'ungewollte' Merkmale auf, die ich ebenfalls nicht deutlicher erfassen kann, etwa Texturen, die ich im Mond nie gesehen habe, zerrinnende Formen etc., kurz aufblitzend oder schlierenhaft changierend (u.a. wohl Rauschkomponenten des optischen Kanals).

Im Normalfall der Konzentration auf einen 'Inhalt' des im Bild Dargestellten ist es, als ob mein "innerer Blick" die Bildelemente nur streife. Der visuelle Eindruck ähnelt dem, der im Akt des Sehens von den Gegenständen am Rand des jeweiligen Gesichtsfelds hervorgerufen wird. Die Hauptsache ist offenbar ein jeweiliger *innerer Mechanismus* des Bildes, der "gewußt" wird, aber niemals auf dem Schirm erscheint. Exakte Reproduktion des

"Aussehens" der Bildelemente, wie mittels Zeichnung, ist offenbar auch kaum je wichtig. Für Wiederholungen irgendeiner Grundvorstellung rastet, über lange Zeiträume, immer wieder die gleiche Dynamik in der gleichen Anfangsstellung ein, aber die Bildelemente gleichen einander nie völlig.

In meinem Fall ist es selten, daß ich mir aus einer inneren Bildbetrachtung Aufschlüsse über "rein" visuelle Beziehungen verschaffen möchte (Fragen von der Art: Wie muß die Schattengrenze bei Halbmond aussehen?). Immerhin kommt das vor. Dann erscheint das Bild meist wie ein Schema, das erst noch auszufüllen wäre: ein allgemeiner Rahmen ist da - etwas visuell Rundes, da heller, dort dunkler, etc. - in das ich meine Einzelheiten in gefühlter Anstrengung erst eintragen muß, wobei in der jeweils neuesten Anstrengung die vorangehenden Einzelheiten wieder verschwinden. Wie bei dem chinesischen Kunststück mit den rotierenden Tellern eile ich sozusagen von einer zu anderen, um sie aufzufrischen. Eine Zusammenschau über auch nur zwei oder drei Bildelemente ist nur möglich, wenn ich auf viel Detail verzichte; die Elemente sind dann durch visuelle Marken, "Sehflecke", repräsentiert. Sehr häufig gibt es in der von mir nicht in jeder Hinsicht zu steuernden Dynamik nur ganz kurze Momente, in denen die gewünschten Verhältnisse "richtig" erscheinen (ein Signal der Zustimmung taucht auf). Es ist, als sei der ganze Apparat für Bewegungen konstruiert, nicht zum Stillhalten eines Bildes. Allerdings können sich diese Umstände nach längerer Übung mit dem jeweiligen Bild erheblich bessern. Mit großem Fleiß habe ich es zum Beispiel gelernt, einige einfache Knoten verläßlich zu visualisieren. Dabei spielen verschiedene noch zu erwähnende nicht-visuelle Vorgänge eine große Rolle, doch hierher gehört die Bemerkung, daß solche Bilder ausnahmslos aus Bildausschnitten bestehen, die hintereinander aufgerufen werden: offenbar ist die Kapazität des

Schirms sehr beschränkt. Wenn ich versuche, das mit einem Schirmbild 'Gemeinte' zu *zeichnen*, dann kommt es sehr darauf an, ob ich mich mit dem speziellen Aussehen des Gegenstands beschäftigt habe oder nicht. Im zweiten Fall kann ich oft noch sagen, daß ein getaner Strich falsch ist, aber dann kann ich nur radieren und probieren, solange, bis das Ergebnis auf dem Papier keinen besonderen Widerspruch mehr hervorruft (und das heißt meistens, daß ich nicht mehr sagen kann, welche Striche falsch sind: "das Ganze" paßt irgendwie nicht ...). Verbesserungen werden mir manchmal durch ein Wissen um die innere Mechanik des Gegenstands ermöglicht, wenn ich sie mit seinem Aussehen in Verbindung bringen kann. Der ganze Ablauf deutet darauf hin, daß zwar ein akzeptierender Mechanismus vorhanden ist, aber eben kein erzeugender.

Im ersten Fall immerhin entsteht die Zeichnung wie ein Portrait, nämlich durch einen Vergleich, Detail für Detail, mit dem inneren Bild (und zwar, etwa im Fall dieser Knoten, ohne jedes Radieren). Es ist bemerkenswert, daß das Detail für jeden "Blick" neu konstruiert werden muß, und daß ein Blick auf die im Entstehen begriffene Zeichnung dabei irritiert.

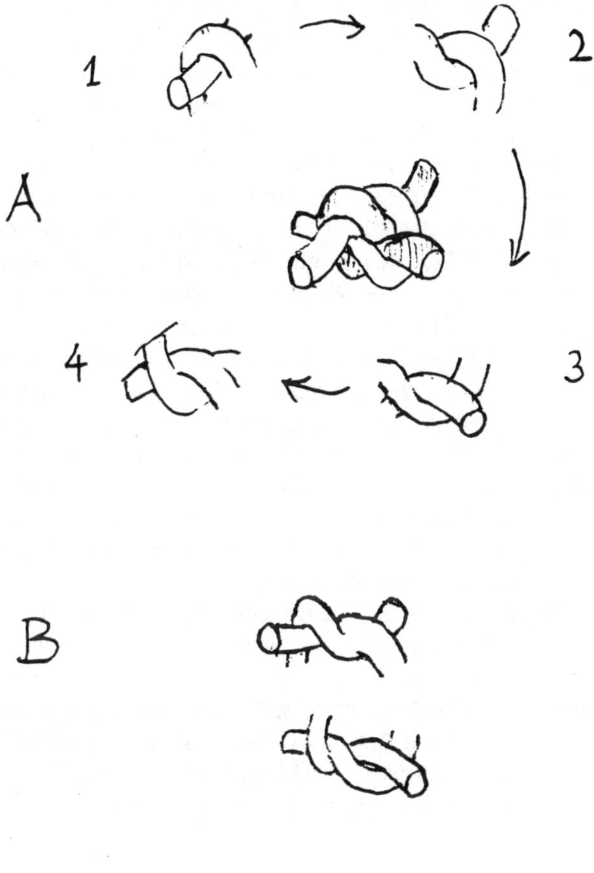

Figur 1

Schon einen Knoten wie den hier gezeichneten kann ich nicht als Ganzen visualisieren. Das Äußerste scheinen die unter B angedeuteten Zusammenfassungen zu sein (die Hälften können auch vertikal oder sonstwie getrennt werden), und dabei habe ich einen Eindruck des Zurücktretens, Abstandnehmens, der offenbar irgendeinen Verlust, das Auswechseln von 'Informationen', signalisiert. Die Zeichnung selbst geht etwa wie in A voran - jeden der Abschnitte 1 bis 4 habe ich einigermaßen klar und stabil "vor dem inneren Auge"; die obige Zerlegung in Abschnitte ist jedoch ein Artefakt der gewählten Darstellung, da auf dem Schirm immer der unmittelbar nächste Verlauf auftaucht, wie bei Wegbiegungen während eines Spaziergangs (der Vorgang wäre in ziemlicher Tiefe zu beschreiben). Bemerkenswert ist, daß Änderung der Reihenfolge nur geringe zusätzliche Schwierigkeiten mit sich bringen würde. Für hier genüge Betonung einer bestimmten Art von *Sequentialität* als einer charakteristischen Eigenschaft des ganzen Apparats; offenbar ist die Fixier- und Fokussierfähigkeit des "äußeren" Auges genau auf diesen Aufbau abgestimmt.

Typisch ist hier das Gefühl des Geführtwerdens durch ein quasi eidetisches Bild, das man "selbst" durch irgendeinen Druck auf das Gedächtnis hervorbringt, das sonst aber vielfach dem "außen gesehenen" Knoten entspricht. Weiters habe ich stets ein recht unbestimmtes Gefühl von Regelmäßigkeiten während der Vorstellung, und einmal bin ich diesem Gefühl nachgegangen. Das Ergebnis war die folgende Zeichnung.

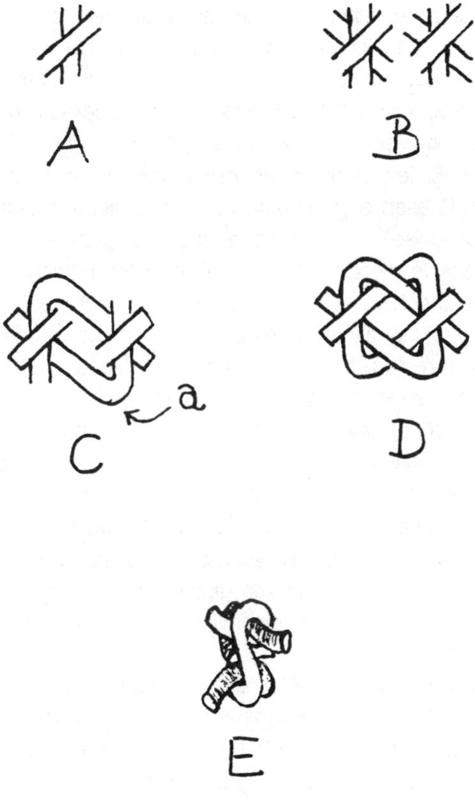

Figur 2

Die Klärung führte zu einer neuen Methode, diesen Knoten zu zeichnen, und zu einem mit ihr verbundenen andersartigen Gefühl. Vom deutlichen Empfinden bleibt nur das in A angedeutete Verhältnis, konkret vielleicht ein Kreuzen meiner Unterarme o.ä., auch ein besonders blasses visuelles Bild; beides verschwindet im Verlauf des Zeichnens, der deutliche Anblick des wachsenden Bildes steht *unterstützend* vor mir, in jeweils ganz bestimmten Phasen ergänzt durch ein Halluzinieren (inneres Bild, Bewegungsimpulse) verschiedener Möglichkeiten des Weiterführens. In diesen Stadien muß ich mich entscheiden, wie der nächste Strich verlaufen soll. Zunächst erfolgt die Ergänzung und Verdoppelung (B) ganz mechanisch, ich kopiere die linke Gestalt nach rechts. Sodann gilt es die Linie a zu finden; zu diesem Zweck sehe ich jetzt, nach einigen Wiederholungen, nicht mehr in einem inneren Bild nach (wie das zunächst der Fall gewesen ist), denn dieser Schritt hat sich "auswendig gelernt" - freilich wird oft das auswendig Gewußte noch vor dem Zeichnen halluzinatorisch bestätigt. Nun geht es wieder mechanisch weiter, bis das Stadium C vollendet ist. Zum Erreichen von D ist nur mehr ein Betrachten des bereits gezeichneten nötig, auf Grund der ganzen Bildanlage ist eigentlich nur mehr eine einzige Möglichkeit gegeben.

Das globale Gefühl ist hier das des Geführtwerdens durch etwas Fremdes, nicht so unmittelbar Bedeutungstragendes - über ganze Strecken hin überlasse ich mich Wegweisern, die mit der Landschaft selbst, wie ich sie überblicken kann, nichts zu tun haben. Einige weiterführende Gedanken:

- Die bescheidene Umformung von Figur 1 zu Figur 2 verdankt sich einem kreativen Akt;
- insbesondere hat dieser Akt zu einer Verdeutlichung geführt - wo ich zuvor Regelmäßigkeiten nur vag empfunden hatte, erscheinen sie nun völlig konkret als Verdoppelungen und Symmetrien;

- letzteres bezeichne ich als "Faltung" - die Mehrfach-Verwendbarkeit bestimmter Vorgänge hat eine Kompaktierung zur Folge, ich muß mir nur mehr Wendemarken einprägen;
- und schließlich: Ich darf vermuten, daß ich ähnliche Vorgänge zur Zeichnung *anderer* Knoten verwenden kann - ich muß bloß darauf gefaßt sein, daß die Vorgänge in relativ evidenter Weise (Spiegelung etc.) verändert werden müssen und daß die Wendemarken (u.a. auch zur Steuerung dieser Veränderung) anders zu liegen kommen.

Diese ganze Straffung ist sehr vorteilhaft, denn sie entlastet den bilderzeugenden Apparat erheblich. Ganz verzichten kann ich auf ihn aber nur unter bestimmten banalen Verhältnissen, denn es ist dieser Apparat, der die Verbindung zu meinem Denken herstellt. Will ich etwa den Knoten in einer ungeprobten Perspektive zeichnen, dann versagt der "Formalismus" der Wendemarken und ich muß wieder das alte innere Bild betrachten, vgl. die Stellung E. Das ist im Beispiel natürlich nur deswegen so, weil die gefundene Formalisierung noch nicht adäquat ist, aber ich bin in *jedem* Formalismus gezwungen, die entsprechenden inneren Bilder zu Rate zu ziehen, wenn ich einen Weg durch das Labyrinth der Zeichen zu einem neuen Ziel oder von einem ungewohnten Ausgangspunkt her finden möchte. Bei einem gut beherrschten adäquaten Formalismus geschieht das freilich meist nur punktuell, und die inneren Bilder können an verschiedenen Wendestellen ganz verschiedenen Strukturen entstammen, aber wenn ich die geeigneten Bilder nicht habe, irre ich orientierungslos durch das Labyrinth. Vollends wären schöpferische Leistungen ohne diese unterliegenden Strukturen Zufallsprodukte (die außerdem in einem nachträglichen Aufbau solcher Strukturen erst 'verstanden' werden müssen).

(Die teilweise wieder ganz anderen Vorgänge beim *Knüpfen* des Knotens oder bei der Vorstellung davon beschreibe ich hier nicht.)

Eine gewisse Bestimmtheit kommt in das innere Bild durch deutlich merkbare "innere Gesten". Diese Gesten empfinde ich als Körperbewegungen, meistens der Hände, aber ich kann die Hände durch andere Körperteile, Rumpfmuskeln, Beine, Hals, ersetzen. Ganz eindeutig sind die Bewegungsimpulse Steuerungssignale für echte Körperbewegungen, doch wird ihre Weiterleitung an die Gliedmaßen meist weitgehend gedrosselt, wenn auch nicht vollständig gehemmt (es gibt immer Rückmeldungen aus den Muskeln; die stets vorhandenen Augenbewegungen allerdings sind kaum zu unterdrücken). Die inneren Gesten verdeutlichen die visuellen Bilder in verschiedenster Weise. Um nur einige Varianten zu erwähnen: Ich erlebe sie als ein inneres Nachzeichnen von Linien im "gesehenen" Bild; ich manipuliere Bildelemente wie mit den Händen, ohne daß aber ein Bild der Hände auf dem Schirm erschiene; ich "bin" manchmal ein Bildelement und ahme gewisse seiner Bewegungen oder Stellungen nach (wobei sich das Schirmbild nicht bewegen muß - auf diese Weise kann ich mir zum Beispiel Druck oder Spannungen "vorstellen"); ich reise manchmal durch das Schirmbild und verdeutliche mir damit gewisse Perspektiven und andere Gegebenheiten; durch die in den Steuerungsimpulsen "symbolisierte" Stellung der Gliedmaßen werden Raumgefühle erzeugt und konstant gehalten; usw. Zwei Eigenschaften dieser Vorgänge sind wichtig: in der angedeuteten Weise "simulierte" oder auch echte Stellungen der Effektoren können als besonders stabile Marken des Schirmbilds fungieren und erweitern dadurch die Enge der Schirmkapazität; und die relative Autonomie der die Bewegungsausführungen überwachenden Zentren ermöglicht gewisse Formen von paralleler Verarbeitung. (Es ist auch denkbar, daß diese Pseudobewegungen durch Refferenzen zur Verdeutlichung des visuellen Schirmbilds direkter beitragen.)

Im oben erwähnten Fall etwa 'weiß ich', daß Krater an der Schattengrenze ein Rolle spielen; ein "Vulkan" erscheint als Kegel (der Mond als Ganzes ist fort), und aus den Händen kommt ein Gefühl als streiche ich über den Kegel hin; ich weiß, daß es nicht Kegel sein sollen und gewissermaßen wie bei einem Sandspiel breite ich mit gefühlter Bewegung den Kegel zu einem großen Krater aus, in dem denn auch gleich, quasi als ein Angebot an akzeptierende Maschinen, scharfe Schattengrenzen kurz aufblitzen, usw.

Soviel hier zur bloßen "Bildbetrachtung". Ein zweiter Modus des Erscheinens von inneren Bildern tritt bei mir im Verlauf der sprachlichen Kommunikation auf, vage und randständig beim Sprechen und Hören, und etwas deutlicher beim Lesen. Beobachtung dieses Modus ist besonders schwierig. Routinemäßiges Sprachverstehen scheint in erster Linie ein reibungsloses Laufen des die Bilder potentiell erzeugenden Apparats zu sein. Wenn Bilder überhaupt erscheinen, dann bleiben sie meist "halbbewußt". Sie signalisieren sozusagen nur das jeweilige Einklinken eines bestimmten "Gesichtspunkts" oder einer bestimmten Entscheidung. Sie wirken epiphänomenal, doch sind es offenbar genau diese Bilder, an denen eine gelegentlich notwendig werdende spätere Überprüfung einhakt.

Beim *Sprechen* scheint jener Apparat in erster Linie einen Output-Modul zu steuern, derart, daß die von diesem Modul gefundenen Worte quasi an die Seite von Bildelementen treten oder überhaupt nur Stellen einer Struktur markieren, an denen ich Details bildhaft erscheinen lassen könnte. Beim routinemäßigen *Hören* oder *Lesen* greifen die Sprachausdrücke offenbar umgekehrt in den Lauf des unterliegenden Mechanismus als Steuerungssignale ein: sie "rufen" Strukturen, und steuern die Verschachtelung dieser Strukturen zu einem temporären Komplex innerhalb der Laufumgebung. Auftreten von Bildern markiert hier meist nicht viel mehr als das Einklinken von neuen Strukturen oder das Erreichen einer Etappe in umfangreicheren Nachführungen.

Dieses Verhältnis ändert sich jedoch schlagartig in dem Moment, in dem der routinemäßige Lauf die einlangenden Steuerungssignale nicht mehr akzeptiert. Ich habe dann das Gefühl, nur mehr die globalsten Züge des Kommunizierten zu verstehen; ich kann es dabei bewenden lassen, oder ich muß den inneren Bildern wieder mehr Beachtung zuwenden. Eine solche Bemühung nimmt entweder die als "Betrachtung" bereits beschriebene Form an, oder sie setzt, viel häufiger, einen Prozeß in Gang, in welchem die Bildelemente eine andere Funktion haben.

Eine pauschale Zusammenfassung alter Selbstbeobachtungen möge das bisher Gesagte ein wenig erläutern und zugleich weitere Überlegungen vorbereiten.

Beim Hören oder Lesen des Worts "Redundanz" habe ich oft - wenn ich überhaupt darauf achte - nur ein allgemeines Gefühl der Orientiertheit: "Ich weiß was das ist". Bei "inneren Fragen" der Art "Was ist denn eigentlich ein ..." taucht zwar *immer* ein Bild auf, doch im weiteren ist es stets fraglich, wie weit es expandiert werden kann. Jedenfalls ist aus jenem Gefühl zu folgern, daß ich das Wort schon einmal gehört habe; darüber hinaus könnte es trügerisch sein - vielleicht habe ich das Wort in verschiedenen Situationen, in denen es nicht so darauf ankam, ignoriert, oder "mitverstanden", und jederzeit könnte eine Tiefe des Verständnisses nötig werden, die mir abgeht. Im speziellen Fall weiß ich, daß ich mich vor langer Zeit auch schon aktiv um ein tieferes Verständnis bemüht habe und daß diese Bemühungen subjektiv erfolgreich waren (das wird im Umkreis meiner Rezeption der "Informationstheorie" geschehen sein), aber Genaueres, auch 'inhaltlich', ist mir nicht erinnerlich.

Ich spreche nun innerlich den Satz "A ist hier redundant". Ein Schirmbild erscheint: mehrere zufällig verteilte Sehflecken, einer davon ist A. Von einem oder zwei der anderen Flecken ziehen sich (zunächst ungesehene) Linien zu A hin, Gefühl (nicht: Wort): "Zusammenhang", zu allgemein. Plötzlich haben sich die Sehflecken zu einer Art Streifen geordnet, der quer durch das Gesichtsfeld geht. Ich weiß daß das eine Zeichenkette ist. Hintereinander werden zwei oder drei unregelmäßig überlappende Stücke aus dem Streifen "herausgeschlagen" (sie bleiben drin, nur die 'Aufmerksamkeit' wandert), deutliche Empfindung in den Händen, aber im Bild ist keine Hand. Es handelt sich, wie ich weiß, um eine Maschine, die diese Stücke der Zeichenkette akzeptiert, aber auch eine Maschine kommt visuell nicht vor. Befriedigung, keine Worte; während ich das hier niederschreibe, kleide ich das Objekt dieser Befriedigung in einen Satz: "Redundanz ist ein Aspekt von Struktur". Das Schirmbild erscheint wieder und der Vorgang wird mehrmals wiederholt, die Befriedigung wird schwächer. Nun taucht vor dem zurücktretenden Streifen ein neuer Sehfleck auf und teilt sich in zwei überlappende Schemen - in Worten: "Redundanz ist eine Schleife einer Turingmaschine, die an verschiedenen Stellen der gleichen Zeichenkette zum Einsatz kommt" (kein Zeichen im Bild "ist" die Redundanz). Ablehnung: ich kann das besser, neuer Versuch. Der Streifen ist wieder da, auf seiner linken Seite sind, als dunklere Stellen, einige Zeichengruppen angedeutet, wieder Handempfindungen, starr gehaltene Kralle, Rucken von einem Fleck zum anderen, gefühlte Schlagbewegung des Handgelenks. Das Schlagen gleitet nach rechts, wo plötzlich noch so eine Zeichengruppe steht, sie erscheint im nachhinein als originaler Bestandteil der ganzen Zeichenkette (der Rest ist visuell kaum mehr da, wird aber noch vag gewußt), und mit einem letzten bedeutsamen Schlag wird diese Zeichengruppe gewissermaßen bestätigt. Neue Befriedigung, das ist es. In Worten: "Ein Teil einer Zeichenkette ist redundant relativ zu einer gegebenen Struktur, wenn sie ihn aus dem Rest erzeugen kann."[7]

Ich könnte nun in einer neuerlichen Anstrengung noch weiter gehen und ganz konkret eine entsprechende Zeichenkette zusammen mit einer Turingmaschine erfinden (dazu wären äußere Hilfsmittel wie Bleistift und Papier recht willkommen). Aber in der Praxis kommt es nur unter gewissen Umständen dazu, nämlich wenn weiterhin eine Verständnislücke signalisiert wird. Beim vorliegenden Beispiel (und u.a. deshalb habe ich es gewählt) wäre mit dem konkretesten Bild noch nichts gewonnen, denn es kommt auf einen bestimmten gemeinsamen Aspekt vieler verschiedener Situationen an, und dieser Aspekt kann, kapazitätsbedingt, in Einzelheiten verlorengehen. Diesen bestimmten Aspekt jenes Vorgangs "habe" ich am klarsten während der Ausführung einer bestimmten Tätigkeit an einem Minimalsatz von "Gegenständen". Wenn ich den Satz "A ist hier redundant" jedoch auf eine konkrete Situation beziehen muß, ohne sofort zu "sehen", daß es sich tatsächlich so verhält, dann muß ich diese Situation auf dem Schirm aufbauen, um experimentierend herauszufinden, wie ich A aus dem Rest konstruieren kann. Ich halte fest, daß meine Vorgangsweise bei "konkreten" Schirmbildern dieselbe ist wie bei "abstrakten" (Bewegungen in einem konventionellen Formalismus, Formelableitungen etc.).

Eine schließlich gefundene derartige Tätigkeit ist, als solche, natürlich auch nicht "die Redundanz selbst". Gibt es etwas, das "die Redundanz ist"? Was ist hier mit "Aspekt" gemeint? Der jeweilige Aspekt ist offenbar selbst eine jeweilige *Maschine* (deren Tätigkeit sich auf dem Schirm äußert). Um einen bestimmten Aspekt in einer gegebenen Struktur zu "sehen", muß ich sie so umbauen können, daß diese je bestimmte Maschine die Steuerung der ganzen Struktur übernimmt, ohne daß sich die Input-Output-Verhältnisse ändern: Ich muß diese Maschine zum Hauptprogramm des Ablaufs machen können. Wenn diese Maschine für sich selbst genommen wird, bleibt sie an ihren verschiedenen Schnittstellen zu den Subroutinen "offen", aber Inputs können ad hoc fabriziert werden, um sie zum Laufen zu bringen ("Blindzeichen", in der Selbstbeobachtung durch Sehflecke repräsentiert). Strukturen, die eine derartige Rolle übernehmen, nenne ich *Formen* (siehe auch weiter unten).[8]

In einem dritten Modus, dem für hier wichtigsten (der auch in den gegebenenen Beispielen auftritt), spielen die Bildelemente in konstruktiven Veränderungen des sie erzeugenden Apparats eine Rolle, das heißt in Umbauten dieses Apparats, oder Versuchen dazu, welche offenbar von an seinen quasi autonomen Läufen nicht direkt beteiligten Teilen meiner geistigen Ausstattung her in Gang kommen. Die visuelle Abbildungstreue ist in diesem Prozeß vollends von untergeordneter Bedeutung. Es ist zwar immer ein Fokus vorhanden, aber die visuellen Elemente sind in bestimmter Hinsicht bloße Zeichen, deren Hauptfunktion es ist, Gegenstände als Angriffspunkte einer *Manipulation* zu markieren - es kommt auf gewisse regelhafte dynamische Vorgänge an. Nicht einmal in ihrem Charakter als Zeichen wird die visuelle Gestalt der Bildelemente deutlich. Die erlebte Deutlichkeit ist bei mir die Deutlichkeit meiner Manipulation - den Zeichen entspricht im Grunde nur ein Gefühl, das man mit "Das da!" umschreiben könnte.

Außerdem ist die Manipulation von einem Wissen begleitet, "wofür diese Zeichen stehen". Dieses Wissen besteht offenbar aus einer Anzahl von Prozeduren in Wartestellung, und jede der Prozeduren ist in einer Unterbrechung der ursprünglichen Manipulation schnell aktivierbar (damit stellt sich das Problem einer informatischen Darstellung dieser "gefühlten"

Wartestellung). Das Wissen betrifft offenbar gewisse jeweils gegebene Möglichkeiten zu weiterem Expandieren einzelner Zeichen oder zum Komprimieren der ganzen oder eines Teils der Struktur in ein Zeichen eines anderen Zusammenhangs, und kann zeitweilig im Bild wie ein Ausbrechen und Voraneilen, oder in Schwankungsstadien als Überlagerung markiert sein. Ich registriere Verlagerungen eines einzelnen Zeichens (manchmal "zugleich" auch eines zweiten) in der sparsamen Visualisierung der übrigen, und gehe oft nach Erreichen eines durch die anderen Zeichen markierten Haltepunkts zu einem von diesen über. Häufig tritt nach so einer Verlagerung eine Pause in den Bewegungen des Bildes ein, ich "spüre" einen Vorgang laufen der sich auf dem Bild nicht manifestiert, das Bild zerrinnt. Eine Expandierung eines Zeichens erfolgt fast immer, wenn dieser Vorgang - offenbar der Versuch, der erreichten Konstellation unter den alten Randbedingungen neue 'Information' abzugewinnen - ins Leere greift. In der Expansion scheint das visuell undeutliche Zeichen in mehrere neue genauso undeutliche Zeichen zerlegt. Sie sind die Ansatzpunkte einer inneren Struktur des alten Zeichens, und ich nehme an, daß sich in ihnen ein Bestandteil des dieses Zeichen generierenden Apparats manifestiert. Das Erscheinen der Expansion markiert immer auch eine andere Ebene der Betrachtung, eine Art Vergrößerung ("ich bin in einer Subroutine") oder Verkleinerung ("ich bin in einer übergeordneten Ebene").

Das Gefühl des Visuellen rührt hier zum großen Teil von der gleichzeitigen wiewohl verschiedenwertigen Präsenz mehrerer "Gegenstände" im Bewußtsein her, denen ich mich jeweils in einer Verschiebung der Aufmerksamkeit fokal zuwenden kann. Die motorische Komponente des inneren Bilds ist überaus prominent, die visuellen Elemente treten fast nur mehr als Operanden auf. Ein wichtiger Zug des Geschehens ist ferner die leicht zu beobachtende Tatsache, daß gelegentlich der die

Zeichen generierende Apparat einer Zeichenmanipulation Widerstände entgegensetzt, die sich im Bewußtsein als ein Gefühl "Das geht nicht!", oder auch "Hier fehlt Struktur!" bemerkbar machen. Das ist gewiß keine Eigenschaft der Zeichen selbst, denn 'visuell' kann ich mit ihnen alles machen.

Das Zeichen, von dem ich wußte daß es "der Mond ist", kann überdies je nach Anforderung wieder mehr Mondcharakter erhalten, es kann scheibenartig oder "leuchtend" werden, jedenfalls solange es statisch bleibt. Damit wäre wieder der erste Fall erreicht. Es ist schon angemerkt worden, daß ich einen reicheren Bildeindruck nicht genauso manipulieren kann wie das abstraktere Zeichen zuvor: soll sich beispielsweise der Mond über den Himmel bewegen, so schrumpft sein Bild wieder mehr auf den Zeichencharakter zusammen und muß im Endstadium der Bewegung wieder aufgebaut werden.

Verschiebungen einer aus mehr als zwei charakteristischen Merkmalen ("Striche", "Punkte") bestehenden Zeichenverbindung kann ich, wenn Drehungen oder Verzerrungen durchgeführt werden sollen, zumeist nur in sukzessiven Sprüngen der einzelnen Merkmale durchführen. (Diese Bemerkung soll auch andeuten, daß viele Bemühungen, den Behaviorismus zu verlassen (etwa Shepard *1978*), viel zu kurz ausfallen. In der Introspektion werden tiefere Strukturen der in einschlägigen Versuchsanordnungen erschlossenen Erscheinungen sichtbar; z.B. ist das "mentale Rotieren" (Shepard und Metzler *1971*) nicht einfach ein "Drehen" eines Gegenstands im "vorgestellten Raum", sondern, bei großem "Drehwinkel", ein sukzessives Transportieren einzelner Merkmale bei gleichzeitigem Auffrischen der bereits transportierten, was den größeren Zeitbedarf eigentlich erst erklärt.)

Ich spüre so etwas wie Stetigkeit der Bewegungen, aber ich habe Schwierigkeiten, eine Stetigkeit der Bewegung des inneren Bilds zu "sehen". Visuell springt das einfache Zeichen torkelnd von der einen Stellung zur nächsten, fast immer zu einer in dem ganzen Vorgang als nächster Entscheidungspunkt ausgezeichneten, und in der ruckartigen Veränderung ist eigentlich keinerlei Bewegung: das "Gefühl" kommt eben aus meiner angedeuteten Körperbewegung. Versuch einer selbstbeobachtenden Analyse solcher Vorgänge verfälscht offenbar den normalen Ablauf. Die Bilder springen zwar wieder von Stadium zu Stadium, doch sind das jetzt nicht unbedingt die Entscheidungspunkte des normalen Laufs - es ist eben eine neue Laufumgebung eingerastet. Der Zwischenraum zur vorherigen Phase wird oft rückwirkend irgendwie ausgefüllt; wenn ich diesen Ausfüllvorgang näher betrachten will, dann wiederholt sich das Springen in kleinerem Maßstab. Es scheint, daß ich den ganzen Vorgang immer nur durch eine Folge mehr oder weniger statischer "Schnappschüsse" rekonstruieren kann, die von einem Bewegungsgefühl begleitet wird. Zum Unterschied vom Bilder-Springen scheint das Bewegungsgefühl auf kurze Strecken stetig, aber eine generelle Funktion dieser Stetigkeit kann ich von der Selbstbeobachtung her nicht genauer angeben (sicherlich charakterisiert sie das Geschehen, wo etwa die Art der Bewegung selbst wichtig wird).

Daß ich überhaupt innere Bilder habe, die mir so ähnlich gegenüberstehen wie zum Beispiel der Mond wenn ich ihn am Himmel erblicke, ermöglicht mir eine fast jederzeit wiederholbare "distanzierte" Betrachtung der Verhältnisse. Wie ich das Verhalten von Gegenständen betrachte, die ich etwa mit der Hand nach Maßgabe eines im Gegenstand verkörperten, mir zum Teil bekannten, zum Teil unbekannten Mechanismus verschieben oder sonstwie anordnen kann, so betrachte ich auch das Verhalten eines inneren Bildes, das ich in einer "Willensanstrengung" und nach Maßgabe gewisser sich oft im Vorgang selbst meldender Regeln verschiebe. Es kommt vor, daß ich bei einer Betrachtung eines inneren Bildes Regelmäßigkeiten wahrnehme, die mir beim Erlernen der Vorstellung noch nicht aufgefallen waren, und die es mir ermöglichen, meine Vorstellung umzubauen, zu ergänzen oder gar durch eine anders geartete zu ersetzen.

Ich schiebe wieder eine äußerst grobe Beschreibung einer Selbstbeobachtung ein, die hierauf Bezug hat.

Figur 3

Es hat Äonen gedauert, bis in einem Hirn einmal die Vorstellung entstand, daß Sonne, Mond und Erde Kugeln sind. Ich, heute, kann nun die drei Kugeln als "inneres Bild" formen: ich "sehe" sie, vielleicht aus der Richtung des Polarsterns, wie sie in der Ebene ihrer Mittelpunkte umeinander kreisen, und, in einer Neuorientierung, wie sie sich um ihre Achsen drehen, die zum Beispiel auf dieser Ebene senkrecht stehen. (Alle die schon erwähnten Erscheinungen treten auch hier wieder auf, die starke Beteiligung des Körpers, das Undeutlichwerden und Verschwinden der beiden anderen Kugeln, sobald ich eine näher betrachte, ...; die Konzentration auf das "Bild"-Geschehen läßt alles andere um mich her versinken - das "Bild" wird zur einzigen Wirklichkeit, und in den kurzen Zeiten zwischen gewissen - von 'mir' vorgenommenen - Korrektureingriffen ist der Charakter der Beteiligtheit ja auch ganz genau so, als sähe ich die Dinge durch meine leiblichen Augen). Nun versetze ich mich auf die Erde: ein Zeichen, von dem ich weiß daß es der Mond ist, "geht" links über einem Zeichen "auf", von dem ich zunächst weiß, daß es ein Berg ist, und von dem ich in einer kurzen Ablenkung zur Kenntnis nehme, daß er im Osten steht. Der Mond geht also im Osten auf und bewegt sich nach Westen. Nun stehe ich wieder auf dem Polarstern: der Mond beschreibt einen Kreis im Uhrzeigersinn um die Erde. Ich stehe wieder auf der Erde. Der Mond wandert zwischen mir und der Sonne von links nach rechts vorbei, wird dünkler und dann wieder heller. Nun erscheint mehr Detail, es ist die Sichel des zunehmenden Mondes links. Im Vorbeischweben wird es Neumond für mich, und danach ein abnehmender Mond, rechts, im Westen. Nun bleiben nur diese drei Aspekte im Bild noch angedeutet (in meiner routinemäßigen Wiederholung dieses speziellen Ablaufs werden sie manchmal deutlich zu Worten: "Zu - Neu - Ab", aber das ist beim ersten Mal wahrscheinlich nicht der Fall gewesen und ist auch gewiß nicht nötig). Und hier ist mir irgendeinmal aufgefallen, daß das ja garnicht sein kann (in Worte gefaßt muß es heißen: "Zu - Voll - Ab"). Offenbar enthielt meine Mondstruktur Komponenten, die bis dahin in einer vergleichbaren Situation nicht eingegriffen hatten, und die nun dem versuchten Ablauf "widersprachen" und seither widersprechen. Zur Überprüfung lasse ich die erste Variante noch einmal laufen: "Zu - Neu - Ab" stimmt mit der Bilderfolge überein. Nun werde ich wieder auf den Polarstern gestellt und lasse den Mond gegen den Uhrzeigersinn kreisen. Die Beobachtung der Mondphasen bringts: Zu - Voll - Ab - Neu - Zu. Der Mond kreist von Westen nach Osten um die Erde! Wie erkläre ich aber meine Beobachtungen am wirklichen Mond, der sich doch von Osten nach Westen bewegt? Ich lasse die Erde sich um ihre Achse drehen, gleichfalls gegen den Uhrzeigersinn, wie es meinem alten Bild immer noch entspricht, aber schneller als der Mond sie umkreist (der Mond wird zu einem "Punkt", ...). Ich stelle mich auf die sich drehende Erde, und habe jetzt deutlich das Gefühl, daß ich den Mond in der Drehung einhole (wie auf einem Karussell), usw. usf. (der merkwürdige Faktor, daß uns der Mond immer die gleiche Seite zeigt, hat gewiß in der langsamen Geschichte dieser Vorstellung eine große Rolle gespielt). Fazit: obwohl ich den Mond, den "wirklichen", sich von Osten nach Westen bewegen sehe, "fühle" ich seit meinem ersten Ausprobieren dieses Gedankenexperiments, daß er in der entgegengesetzten Richtung kreist (ganz so einfach ist das nicht, aber Genaueres wäre hier zu viel).

(Ebenso muß hier die Untersuchung eines vierten wichtigen Modus des Schirmverhaltens und des kognitiven Apparats überhaupt unterbleiben, des *Traums*. Ich bedaure das umsomehr, als dieser Modus viele zusätzliche Aufschlüsse - u.a. über Funktionen der Sprache - liefert.)

Jene "Wahrnehmung" von Regelmäßigkeiten oder Ähnlichkeiten liegt natürlich dem kreativen Prozeß zugrunde. Sie findet jedoch großenteils außerhalb des meiner Selbstbeobachtung zugänglichen Bereichs statt. Das ist nicht überraschend, denn es liegen - wie schon betont wurde - nur die "Zeichen" meinem bewußten Zugriff offen.

Bei diesem Modus der Manipulation von inneren Bildern entsteht gelegentlich ein nicht direkt zu lokalisierendes Signal, das sich nur mit dem Ausruf "Ähnlichkeit!" beschreiben läßt. Die Ähnlichkeit kann "ins Auge springen", aber recht oft bleibt es zunächst bei einer bloßen Alarmierung. Ich wiederhole dann meist die dem Signal unmittelbar vorhergehende Zeichenmanipulation, und versuche, mich dem dabei häufig sich wiederholenden Signal weiter zu "öffnen". Erscheint es nicht gleich wieder, so variiere ich meine inneren Bewegungen quasi in konzentrischen Kreisen. Mit Glück wird das Signal deutlicher, bis schließlich die angekündigte Ähnlichkeit in einem Wandel des Bilds, in einer neuen Fokussierung oder in einer Überlagerung annähernd Umriß gewinnt. Jedenfalls muß ich mir die Ähnlichkeit anschließend meist in weiteren Zeichenmanipulationen klarer herausarbeiten. Die Manipulationen werden stromlinienförmiger und übersteuern dabei oft noch Widerstände aus dem Hintergrund. Schließlich werden auch diese Widerstände eingeordnet (und wieder verdienen die allgemeinen Umstände dabei großes Interesse, dem ich hier nicht Genüge tun kann). Das Resultat ist die Ähnlichkeit als Routine, als für die Zeichenmanipulationen hinfort zur Verfügung stehender Mechanismus. Ein derartiger Ablauf kann sich, in zahlreichen Unterbrechungen und Neuansätzen, über Wochen und Monate hinziehen, und setzt natürlich entsprechende Motivation voraus.

Aus meinen Betrachtungen geht hervor, daß ich die inneren Bilder und ihre Manipulation für eine der neurologischen Untersuchung zugängliche Realität halte. Ich halte zunächst fest

- die entscheidende Rolle zentraler Abschnitte des sensomotorischen Apparats (oder einer Kopie davon) in der Vorstellung; Körpermotorik als lineare, abschnittweise stetige dynamische Komponente; die Quasi-Optik als fokale Markierung eines "Gegenstands" in einem fast immer als dreidimensional empfundenen Raum, in dem ein oder zwei weitere "Gegenstände", ihrer Lage nach deutlich, ihrem Aussehen nach aber nur vag symbolisiert, als gleichzeitig vorhanden erscheinen;
- die Serialität des fokalen Geschehens, die aber bei Bedarf auf sehr kurzen Strecken durch Einsatz der Motorik als autonomen Mechanismus (genauso wie bei Hantierungen in der Außenwelt) zweibahnig gemacht werden kann; die Serialität wird jedoch ganz offensichtlich durch eine Schicht zugleich ablaufender, bisweilen 'bewußtseinsfähiger', sonst

unbewußter anderer Vorgänge determiniert; das Vorhandensein unbewußter Mechanismen ist aus der Regelhaftigkeit der Vorgänge zu erschließen, sowie aus der Tatsache, daß ich ständig weiß, wofür die vagen Wahrnehmungen stehen - ich "sehe" den Output einer gesetzmäßig arbeitenden Maschine.

Wie immer auch ein physiologischer Erklärungsversuch die Ähnlichkeiten des 'Bildes' mit Sinneseindrücken bei streckenweise gleicher Einstellung des übrigen 'psychischen' Apparats ('Aufmerksamkeit', Gegenständlichkeit etc.) modellieren könnte - für das folgende ist eine andere Betrachtung wichtiger. Die Elemente eines Schirmbilds sind offenbar nicht selbständige, durch elementarphysikalische Wirkkräfte zusammengehaltene atomare Einheiten, die in ihrer äußeren Gegebenheit wahrgenommen werden, sondern Erscheinungsformen eines überaus delikaten, auf vielfältige Störungen ebenso vielfältig reagierenden Apparats. Die Manipulation eines Schirmbilds erscheint zwar subjektiv als direkter Eingriff in das Bild, aber sie ist wohl weit eher ein Eingriff in die unterliegenden Strukturen mit Hilfe eines komplexen Servomechanismus. Der Unterschied ist von derselben Art wie der zwischen einer wahllosen Manipulation von Gegenständen auf einem Tisch und der Simulation dieses Geschehens auf einer Braunschen Röhre, wenn man annimmt, daß die Bilder der verschiedenen Gegenstände von je selbständigen Programmen erzeugt werden, die auch noch andere als die visuellen Eigenschaften der Gegenstände symbolisieren - die Verschiebung eines Bildelements erfolgt durch einen Eingriff in den das Bildschirmelement unmittelbar erzeugenden Modul, aber danach müssen andere Moduln auf die neue Stellung nachgeführt werden.

Die Elemente der Schirmbilder sind offenbar *Zeichen*, deren Verschiebungen einem "Betriebssystem" die Nachführung der die Zeichen erzeugenden Strukturen und der Strukturen der

Umgebung ermöglichen, und zwar innerhalb jeweils gegebener, im Bild nicht sichtbar werdender Randbedingungen: nach jeder "gewollten" Verschiebung pendelt sich die Laufumgebung auf die neue Konstellation ein (wobei recht leicht auch Fehler und Unterlassungen auftreten können, deren nachträgliche Behebung man bewußt als eine Art Einsicht erlebt). Diese Zeichen sind einerseits von den unterliegenden Strukturen *erzeugt*, und andererseits können sie, von den selben und auch von anderen Strukturen, *akzeptiert* werden (sie "rufen" diese Mechanismen, oder es werden Mechanismen von der Laufumgebung auf sie angesetzt, um festzustellen, ob sie von diesen Strukturen akzeptiert werden). Solche Zeichen müssen keine sensorisch detaillierte Gestalt haben und können ganz provisorisch sein. Es genügt, wenn sie einen bestimmten "Ort" innerhalb des gegebenen Zusammenhangs markieren. Im Grunde bezeichnen sie jeweils eine Stellung des ihnen unterliegenden Mechanismus, eine Phase des Laufs, die, nach erfolgten Nachführungen, von anderen Mechanismen akzeptiert, oder von dem selben zu einem späteren Zeitpunkt weiterentwickelt werden kann (in der Selbstbeobachtung wird bisweilen eine Nachführung aus irgendeiner Standard-Ausgangsstellung merklich).9

Sind Zeichen (siehe später) zum Nachführen oder zum Anspringenlassen von Mechanismen der gemeinten Art unbedingt erforderlich? Es genügt, daß sie gewisse Vorgänge *erleichtern*, was in Anbetracht der beschränkten Kapazität jeder Intelligenz auschlaggebend ist. Ich nenne nur zwei offenkundige Vorteile: Sie erleichtern Modularisierungen, das heißt Zerlegungen von komplizierten Mechanismen in einfachere und selbständige; und im Hinblick auf das Akzeptieren von Zeichen durch Strukturen wird es möglich, daß mehrere Strukturen durch ihren gleichzeitigen Output eine andere Struktur rufen, die auf die getrennten Outputs nicht reagieren würde - ohne Zeichen könnte das nur geschehen, wenn ständig sämtliche Strukturen miteinander im Eingriff stünden. Ferner drängt sich ein biologisches Argument auf: Der Organismus kann sich eben internen Zeichen gegenüber ähnlich verhalten wie vor externen Sinneseindrücken. Es wäre jedoch meiner Ansicht nach verfehlt, diese Punkte schon für das Wesentliche zu halten (wie es etwa die Verfechter der Produktionssysteme tun). Das Wesentliche sind die Strukturen selbst, also jene Mechanismen, welche Zeichen und Zeichenketten erzeugen und akzeptieren. Strukturen werden nicht nur gerufen - sie werden auch *konstruiert*. Konstruktion von Strukturen kann im allgemeinen nicht berechnet werden. Der Aufbau kann nur im Nachahmen des raumzeitlichen Verhaltens der inneren oder externen Zeichen geschehen: durch Ausprobieren und Einschleifen eines Mechanismus, der dieses Verhalten auf andere Weise produziert als jene Mechanismen, die das ursprüngliche Verhalten bewirkt hatten (und Selbstbeobachtung läßt den Schluß zu, daß genau das geschieht). Hier liegt meines Erachtens die eigentliche Funktion der Schirmbilder.

Solche im Gehirn verkörperten Strukturen sind gemeint, wenn ich das Wort "Vorstellung" gebrauche. In einer weitergehenden Voraussetzung über das Entstehen dieser Strukturen nenne ich sie auch "Modelle" (Wiener *1988*).

Strukturen

Es wird Zeit, die technisch gemeinten Ausdrücke unter den bisher verwendeten ein wenig zu erläutern, aber eingedenk meiner eingangs erwähnten Absicht versuche ich das hier nur im Rahmen einer Metapher.

Angenommen, diese Vorgänge mit dem Mond seien auf einem Computer mit einem rasternden optischen "Sinnesorgan" und mit irgendeinem "Arm" simuliert - wenigstens bis zu einer gewissen Stufe. Das Auge und der Arm sollen eigene Richtmechanismen und jeweils eigene Propriozeptoren (Veränderungs- und Stellungsmelder) haben. Wenn nun das Auge über diesem Steuerungsapparat seine Hauptfunktion als Eingabestation für externen Zeichenketten übernimmt, so stellen wir Symmetrie her, wenn wir den Arm als Outputgerät betrachten: er schreibt Zeichenketten in die Welt, jedenfalls in dem Sinn, daß die durch ihn bewirkten äußeren Veränderungen dem Auge als neue Zeichenketten zugeführt werden. Der Computer speichere Momentaufnahmen, Gesamtbilder von Mond, Landschaftsmarken, Effektorstellungen etc. als "eindimensionale" Folgen von Nullen und Einsen, und natürlich kann man jede Folge dieser Folgen als eine einzige Folge von Nullen und Einsen betrachten. Der Computer soll aus dieser Folge Teilfolgen aussondern können, die in unserer Beobachtung eines Terminals speziell dem Bild (beziehungsweise den verschiedenen Bildern) des Monds, des Effektors, etc., entsprechen. Er soll intern vorgegebene Marken in der äußeren Landschaft finden, den Effektor steuern, etc., bis hin zur "inneren" Rekonstruktion der Mondbewegung als Aufeinanderfolge von Bildern und zeigenden Effektorstellungen. Und wenn ich auf der Konsole ein bestimmtes Zeichen eingebe, soll der Computer das Ganze ablaufen lassen: eins nach dem andern soll er die Bilder aktivieren (indem er sie auf irgendeinem "Schirm" erscheinen läßt), und zugleich soll er den Effektor in entsprechender Weise in Bewegung setzen. Es scheint heute durchaus möglich, den Computer derart, ja noch etwas besser auszurüsten - man denke an die Steuerung der sogenannten Marschflugkörper -, wenn man auch einen Augenblick innehalten sollte um sich klarzumachen, daß zu diesen Leistungen schon ein gewaltiger Apparat erforderlich ist.

Nun kommt es mir darauf an, nachvollziehbar zu machen, wie nützlich ein bestimmter Struktur-Begriff zur Beschreibung der bisher angedeuteten 'geistigen' Vorgänge sein könnte - die Vorstellung von diesem Computer soll dazu eine Brücke sein. Wenn ich von *einer Struktur einer Zeichenkette* rede, so rede ich von einer *Maschine*, die

- von der Zeichenkette, wenn sie vorgegeben wird, feststellt, ob die Zeichenkette zu einer bestimmten Kategorie von Zeichenketten gehört oder nicht. Das ist der theoretisch stärkste Fall (man nennt solche Strukturen "charakteristische Funktionen"), und die weitaus meisten Strukturen werden nicht von dieser Art sein. Ein Beispiel für eine solche Struktur wäre jener Teil des Programms (plus Prozessor), der die zum Bild des Mondes gehörige Unter-Zeichenkette in der globalen Kette finden kann und von jeder anderen Zeichenkette feststellt, daß sie *nicht* "der Mond ist" (all das zunächst nur "für" den Beobachter). Ich werde jene Kategorie (hier eben: "der Mond"), der die Zeichenkette durch diese (Teil-)Maschine zugeordnet wird, mit der Maschine selbst identifizieren. Eine charakteristische Funktion - die wir als konkrete Maschine sehen! - ist also, in einer etwas gewählten Ausdrucksweise, eine *Intension* einer Menge von Zeichen ebenso wie eine Intension des Komplements dieser Menge in irgendeiner Obermenge.

- "Struktur" soll ferner auch eine Maschine heißen, die die betreffende Zeichenkette erzeugen, irgendwohin (in einen Speicher, auf den "inneren Schirm", auf ein Terminal, in den Effektor, oder mit dem Effektor in die Umwelt) schreiben kann; und zwar, für hier, gleichgültig, ob dazu irgendein Input nötig ist oder nicht.

Wenn diese Maschine die Zeichenkette schon Zeichen für Zeichen konkret gespeichert enthält, so, daß man sie in einem allgemeinen effektiven Verfahren aus einer genormten Beschreibung der Maschine gewinnen kann, dann nenne ich sie eine "triviale Struktur" dieser Kette. Eine triviale Struktur benötigt - außer dem ersten Anstoß, tätig zu werden, dem "Ruf" - keinen Input, um die Kette zu erzeugen, aber nicht jede Struktur, die eine Kette ohne Input erzeugen kann, ist eine triviale Struktur. Das Gegenteil einer trivialen will ich eine *gefaltete* Struktur nennen. Gefaltete Strukturen "enthalten" die Zeichenketten, die sie schreiben können, nicht buchstäblich Zeichen für Zeichen (und man kann zeigen, daß es kein allgemeines mechanisches Verfahren zu der Feststellung gibt, ob eine beliebig vorgelegte Zeichenkette von einer beliebigen vorgelegten gefalteten Struktur erzeugt werden kann oder nicht).

Es läge nahe, jene Maschinen, die einfach ihren Input als Output niederschreiben, ebenfalls als trivial zu bezeichnen, aber diese Maschinen enthalten die Zeichenketten nicht selber und sind daher nicht trivial im Sinne des eingeführten Wortgebrauchs. Eine solche Maschine ist eben im Gegenteil eine gefaltete Struktur überhaupt aller Zeichenketten des betreffenden Systems, und daher so allgemein, daß sie für weitergehende Betrachtungen nur als Bestandteil von anderen Strukturen interessant wäre.

- "Struktur einer Zeichenkette" soll schließlich eine Maschine auch heißen, wenn sie die betreffende Zeichenkette "akzeptiert", etwa in dem Sinn, daß diese Maschine zum

Halten kommt, wenn sie auf die Zeichenkette angesetzt wird, oder wenn die Maschine, verstanden als Programm plus Prozessor, auf der Zeichenkette die Steuerung an das sie aufrufende Oberprogramm (mit oder ohne "Wert") zurückgibt.

Auch in dieser Hinsicht gibt es sehr allgemeine Strukturen, etwa solche, die gleich auf dem ersten Zeichen jeder Kette stehenbleiben; derartige Strukturen sind natürlich, für sich genommen, meist auch nicht sehr interessant - ich zähle sie unter die "Blindgänger" (dummies).

Konkrete Maschinen der letzten beiden Arten sind gleichfalls Intensionen der durch sie jeweils charakterisierten Mengen. (Was ich genauer unter "konkrete Maschine" verstehe, lasse ich hier offen - man stelle sich einfach eine Turingmaschine komplett mit Schreib/Lesekopf, Band und Motor vor. - Im Übrigen sind Erzeugen und Akzeptieren im vorgestellten Sinn unter gewissen Gesichtspunkten zueinander komplementär, unter anderen äquivalent.)

Über diesen Strukturbegriff läßt sich sehr viel mehr sagen (Koppel *1988*, Bennett *1988*, Osherson et al. *1986*; über die allgemeinere Bedeutung dieser Ideen ziehe man die im letzteren Band angeführte Literatur zu Rate, besonders R.J. Solomonoff, L. und M. Blum, E.M. Gold, P. Kugel sowie Wolpert *1990a*), und manches wird im weiteren Verlauf etwas deutlicher werden. Für den Augenblick aber folgendes: die eingeführte Redeweise verwehrt es nicht, den ganzen Computer mit diesem Programm und mit seinem Betriebssystem usw. als eine Struktur jener globalen Mond-plus-Landschaft-Zeichenkette anzusehen. Die Betonung liegt auf "*eine* Struktur" (einer Kette); denn jede Zeichenkette "hat" unendlich viele Strukturen. Wenn das Programm dieses Computers ein einziges in sich total verschachteltes Gebilde ist, so, daß in den Augen eines menschlichen Beobachters ein bestimmter Teil des Programms zum Beispiel einmal als Bestandteil des Betriebssystems, ein andermal als eine Teilstruktur des visuellen Bildes, wieder ein anderes Mal als eine Komponente der Effektorsteuerung usw. fungiert, wenn das Programm also, wie man sagen könnte, extrem gefaltet ist, dann kann man ja eigentlich nur das ganze Programm in seiner Einheit als Struktur des Geschehens insgesamt betrachten. Wenn das Programm aber säuberlich in verschiedene Teile getrennt werden kann, so, daß z.B. wenn es um das Bild des Mondes geht immer ein ganz bestimmter Programmteil läuft, ein anderer bestimmter wenn es um die augenblickliche Stellung des Effektors, wieder ein anderer wenn es um eine Bewegung des Effektors geht, so will ich von *Moduln* reden, und sagen, daß der betreffende Modul (Steuerung plus Prozessor) eine Struktur der (von ihm "erkannten", erzeugten etc.) Zeichenkette(n) ist. Dabei bleibe zunächst unbeachtet, daß der Computer selber ja garnicht "weiß", daß es sich um Moduln handelt - zunächst weiß das der *Beobachter* (übrigens kann es kein Programm geben, das effektiv Modularisierungen beliebiger Programme durchführt).

Ein Beispiel soll das Gesagte illustrieren. Der Ausdruck

$$\sum_{k=0}^{\infty} \frac{1}{k!} = \lim_{n \to \infty} \left(1 + \frac{1}{n}\right)^n$$

Figur 4

ist folgendermaßen zu 'lesen':

Die Zeichenkette $\sum_{k=0}^{\infty} \frac{1}{k!}$ 'bezeichnet' eine bestimmte reelle Zahl, deren numerischen Wert man in den ersten acht Stellen mit "2.718282" angeben kann. Das heißt zunächst nichts weiter, als daß auch die Zeichenkette 2.718282... die nämliche Zahl 'bezeichnet', die übrigens üblicherweise auch noch mit dem Buchstaben e 'symbolisiert' und "Eulersche Zahl" 'genannt' wird.

Zugleich 'gibt' aber die erstere Zeichenkette ein Verfahren 'an', diese Zahl zu berechnen; sie ist nämlich eine Abkürzung für eine andere Zeichenkette

$$1 + \frac{1}{1} + \frac{1}{1 \cdot 2} + \frac{1}{1 \cdot 2 \cdot 3} + \ldots\ldots$$

Figur 5

die nun schon ziemlich explizit ein Programm 'darstellt' (und für einen geeigneten Prozessor ist eben auch schon das Abkürzungszeichen dieses Programm). Eine solche Maschine berechnet e. Man muß allerdings hinzufügen, daß der Teil des ursprünglichen Zeichens und die Punkte .... (welche die gleiche Funktion wie bestimmte Sehflecken in der Selbstbeobachtung haben) des expandierten eine Summe aus *unendlich* vielen Addenden 'bedeuten'; die Maschine kann sich dieser Summe nur beliebig nähern - man würde sie anhalten, sobald e mit der für den konkreten Zweck ausreichenden Genauigkeit ermittelt ist.

In der Praxis haben sich natürlich Leute, die mit dieser Zahl häufiger umgehen, das Zeichen 2.718282 oder eine noch viel weitergehende Entwicklung von e Ziffer für Ziffer eingeprägt. Wie prägt man sich eine Ziffernfolge ein? "Mechanisches Auswendiglernen", eine triviale Struktur, dem Niederschreiben auf ein Blatt Papier vergleichbar, kommt eigentlich nur in Ausnahmefällen in Frage, denn das Auswendiglernen verursacht gleichfalls Mühe, hat immer nur eine einzige Zeichenkette zum Gegenstand, und überdies vergesse ich triviale Strukturen leichter als gefaltete (das sagt aber nichts über solche Gedächtnisleistungen auf früheren Altersstufen). Aus der Selbstbeobachtung weiß ich, daß ich mich vielfach gewisser Regelmäßigkeiten der Zeichenfolge bediene. Das kann eine gewisse Sprachmelodie oder Sprachrhythmik sein, eine "Melodie" der geschriebenen Zeichenformen, etc., also Dinge, die mit der 'Bedeutung' des Zeichens und mit seiner sonstigen Verwendung nichts zu tun haben müssen. Bei Ziffern fallen mir auch oft einfache arithmetische Beziehungen auf:

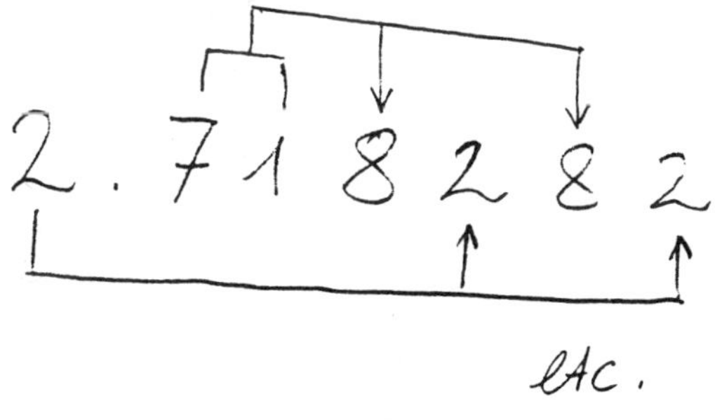

Figur 6

Es gibt für eine vorgelegte Ziffernfolge natürlich stets die verschiedensten Möglichkeiten, die einzelnen Elemente zueinander in Beziehung zu setzen, und sie sind verschieden hilfreich für mein Gedächtnis. Die nützlichsten Beziehungen sind jene, die in einem größeren Zusammenhang verankert sind - am allerbesten in einem Zusammenhang, in den mein normaler Umgang mit der Ziffernfolge irgendwie eingegliedert ist (wenn ich z.B. einzelne Ziffern einer Telephonnnummer in irgendeiner mir schon vorgezeichneten Weise gewissen Eigenschaften des Besitzers der Nummer entsprechen lassen kann). Alle derartigen Beziehungen aber sind natürlich *gefaltete Turingmaschinen*, und jede Turingmaschine, die eine Beziehung zwischen *allen* Ziffern von e verkörpert (ich sage: die eine derartige Beziehung ist), ist eben eine Struktur von e. Die Faltung einer kürzeren Ziffernfolge kann freilich, wie in meinem Beispiel, das Gedächtnis genauso - oder schlimmer - belasten wie die triviale Struktur; ein Maß für die Belastung wäre beispielsweise die Summe: Anzahl der Steuerungsmerkmale zur Rekonstruktion der Struktur in einer Laufumgebung plus Anzahl der immer noch trivial zu merkenden Input-Ziffern (in unserem Beispiel etwa ist jede bekannte Struktur von e zu umständlich für die Rekonstruktion der, sagen wir, ersten zehn Zeichen, aber in weiterer Folge werden alle Strukturen für bloße Anfangsstücke von e langsam umständlicher; aber auch verschiedene "Vollstrukturen" von e können verschieden umständlich sein).

Indem wir uns wieder der obigen Gleichung zuwenden, stellen wir fest, daß auch ihre rechte Seite ein Programm ist. Der durch den Klammerausdruck 'bezeichnete' Teil 'heißt' nämlich

$$\underbrace{\left(1+\frac{1}{n}\right)\cdot\left(1+\frac{1}{n}\right)\cdot\ldots\ldots\cdot\left(1+\frac{1}{n}\right)}_{n\text{-mal}}$$

Figur 7

in Worten: wähle eine natürliche Zahl n und setze sie als Parameter in das Programm ein, dann führe die vorgeschriebene Rechnung aus. Auch für diese zweite Maschine ist das Ergebnis jedes konkreten Laufs von e verschieden. Das Teilzeichen $\lim_{n\to\infty}$ 'gibt zu verstehen', daß e jene ideale Grenze ist, welcher sich der Output der Maschine $(1+\frac{1}{n})^n$ immer weiter annähert, wenn man größere und größere n in das Programm einsetzt.

Das Gleichheitszeichen kann verschiedene 'Bedeutungen' haben. Im vorliegenden Fall ist es so zu 'verstehen', daß das (ideale) Ergebnis des durch die linke Seite programmierten Vorgangs das nämliche ist wie das der rechten Seite. Es darf hier *nicht* 'so gelesen werden', als ob es die Gleichheit der beiden Maschinen (oder Maschinenklassen) 'bedeutete', denn in der Tat sind diese Maschinen voneinander sehr verschieden. Sie sind sogar dermaßen verschieden, daß die Gleichung wohl Jedem wunderbar vorkommt, der sie zum ersten Mal 'versteht'. Man benötigt einige Fertigkeit, um sich von ihrer Richtigkeit zu überzeugen, und eine eingehende Analyse der Vorgänge beim Erwerb der nötigen Anschauungen würde sehr viel über die beteiligten Mechanismen der Kreativität aufdecken.

Ich versuche eine solche Analyse hier erst garnicht: der einzige Zweck dieses Beispiels ist es, meinen Wortgebrauch zu untermauern. Wir haben sechs Zeichenketten eingeführt: "e", "Eulersche Zahl", "2.718282", "2.718282...", " $\sum_{k=0}^{\infty}\frac{1}{k!}$ " und " $\lim_{n\to\infty}(1+\frac{1}{n})^n$ ", und überdies einige Maschinen. In meiner Redeweise sind die beiden durch die linke und die rechte Seite der Gleichung programmierten Maschinen *gefaltete Strukturen* der Zeichenkette 2.718282... (hier haben die Punkte eine andere 'Bedeutung'als vorhin!); die Faltung zeigt sich in der ständigen regelgesteuerten Wiederverwendung von Programmteilen ("Rekursion") bei der Berechnung, die man etwa für die linke Seite so beschreiben könnte: wenn du das k-te Glied der Reihe berechnet hast, dann addiere das Ergebnis zum Vorherigen; nun multipliziere das Glied mit 1/(k+1), um das (k+1)-te Glied zu erhalten.

Ich habe in den letzten Absätzen einige Worte aus dem Kreis "Bezeichnen", "Bedeuten" usw. als zweifelhaft markiert, aber Erläuterung scheint mir nur in einer einzigen, allerdings wichtigen Hinsicht erforderlich. Die Umstände, die man mit solchen Worten 'meint', sind etwas verwickelter als die bisher angedeuteten Beziehungen zwischen Zeichenketten und ihren Strukturen. Das Wesentliche 'findet sich' im folgenden Bild:

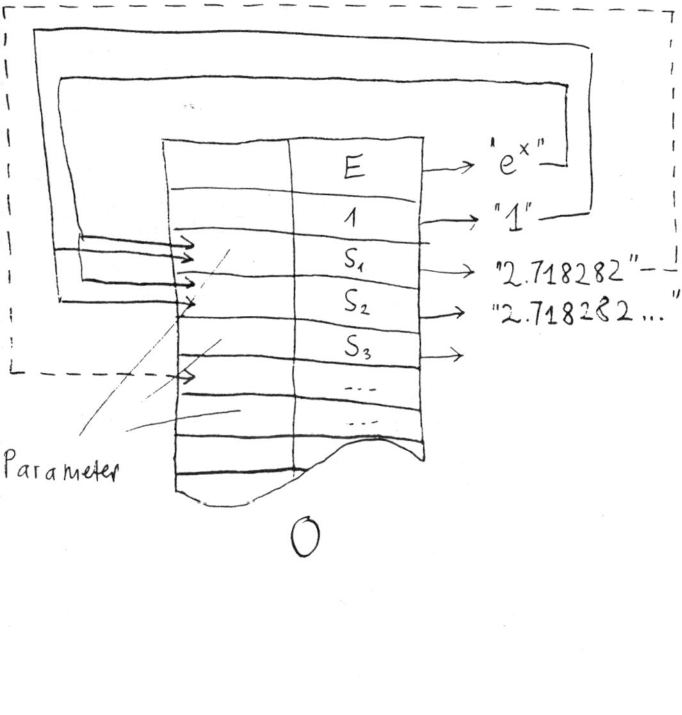

Figur 8

O kann man sich als einen Teil eines Betriebssystems vorstellen, der E "ruft". E und die S_i kann man unter verschiedenen Aspekten als Komponenten von O betrachten. E produziert "e^x", und O findet nun auf diesem Zeichen und anderen Parametern eine der vorgegebenen Strukturen S_i. E und O sind Strukturen von "e^x" (E - und damit auch O - erzeugt das Zeichen und O akzeptiert es). In dieser Konstruktion könnte man die Zeichenfolge "e^x" als Namen einer Klasse von Maschinen auffassen, die alle (mit dem Parameter "1" für x) die Ziffernfolge 2.718282... anschreiben können, aber in der Umgangssprache der Mathematiker bezeichnet "e^x" ebensooft den Output dieser Maschinen, also (auf "1") diese Ziffernfolge selbst, oder auch einen aus dem Kontext zu erratenden Aspekt der Maschinen oder der Zeichenkette. Der Unterschied wird in Skizzen wie der obigen klarer, doch ist zu bedenken, daß die Verhältnisse beliebig kompliziert sein können (wie durch den gestrichelten Pfeil angedeutet).

Man könnte versuchen, die Unterschiede zwischen charakteristischer Funktion, Berechnen und Akzeptieren für eine Klärung des Sprachgebrauchs heranzuziehen, aber diese Strukturarten sind nur Aspekte einer einzigen grundlegenden Vorstellung. Eine Interpretation der Umgangssprache mit ihrer Hilfe könnte momentan zwar "tief" im Hinblick auf die Umgangssprache scheinen, ist aber unwichtig - und eher irreführend - im Hinblick auf die Strukturen.[10] Es scheint zum Beispiel völlig plausibel, die Maschine S_2 als eine Bedeutung der Zeichenkette 2.718282..., abwegig jedoch, E als eine Bedeutung von "e^x" aufzufassen - und doch sind die Zeichenketten beide ein Output der jeweiligen Struktur; ich lege in solchen Fällen mehr Gewicht auf den letzteren Umstand, da mir die Bedeutung des umgangssprachlichen "Bedeutung" zu verschwommen ist. In vielen Fällen scheint eine akzeptierende Struktur des Zeichens das zu sein, was man mit "Bedeutung" meint - etwa unter dem

Aspekt, daß diese Struktur (auf einer als übergeordnet empfundenen Ebene) das Zeichen mit anderen Zeichen in Beziehung setzt. In anderen Fällen ist es eine erzeugende Struktur, die mit dem Zeichen "gemeint" zu werden scheint - etwa unter dem Aspekt, daß diese Struktur solche Beziehungen eben auf einer als unterliegend empfundenen Ebene verkörpert. Was die Bedeutung eines Zeichens jeweils sein soll, wird in unserer Metapher von der gesamten *Laufumgebung* der das Zeichen strukturierenden Maschine bestimmt - von einer Menge von Automaten, der diese Maschine angehört, mit der sie interagiert und in der sie nur zeitweilig dadurch ausgezeichnet ist, daß ihr Input oder ihr Output auf dem 'Schirm' (oder auf einem Terminal etc.) erscheint.

Es gibt ja durchaus Betrachtungsweisen, in denen bescheidene Maschinen wie E auch in umgangssprachlicher Redeweise zumindest als Teil einer Bedeutung gelten können, aber das sind Betrachtungsniveaus, auf denen "e^x" nicht derart unmittelbar als Name der S_i oder von "2.718282..." erscheint. Eine Maschine, die die Führung eines Bleistifts zum Niederschreiben von "e^x" steuert, oder die phonetische Erzeugung der Lautfolge "ehochix", wird ganz unmittelbar als Bedeutung dieser Zeichen empfunden, wenn es um ein Erlernen dieser Fertigkeiten geht. Die Struktur E ist, wie gesagt, stets als Modul einer jeweiligen Laufumgebung aufzufassen, und das trifft natürlich auch auf alle linguistischen Strukturen inklusive Ohr und Kehlkopf zu; in dieser Hinsicht sind sie eben immer dann Komponenten der Bedeutung, wenn sie zum Einsatz kommen. Es ist andererseits naheliegend, als eine "eigentliche" Bedeutung des Satzes "Der Mond kreist um die Erde" eine jeweils bestimmte, durch die Grammatik, Wortstellung etc. des Satzes gesteuerte Verschachtelung von Maschinen zu sehen, die durch gewisse Worte des Satzes "gerufen" werden. So eine Verschachtelung wäre z.B. für die Erzeugung des inneren Bilds eines um die Erde kreisenden Mondes usw. zuständig, und die früher zum Einsatz kommenden akzeptierenden Strukturen (Schallanalyse, grammatikalische Analyse etc.) haben in dieser Sicht nur die Funktion von "Projektoren" (siehe später). Aber in diesem Wortgebrauch wird eben wieder nicht deutlich, daß zu der Bedeutung je nach Aspekt des Geschehens auch die ganze aus anderen Maschinen bestehende Umgebung dieser zeitweiligen Verschachtelung oder eine bestimmte Untermenge davon gehört, Umstände, die in der Selbstbeobachtung z.B. als jeweilige Richtung der Aufmerksamkeit zum Ausdruck kommen. Ich ziehe es also vor, die umgangssprachlichen Worte ganz locker in ihrer Vieldeutigkeit zu verwenden, und, wenn es darauf ankommt, die Verhältnisse durch einen Hinweis auf die vorliegenden Strukturen nach Art der obigen Skizze zu präzisieren.

Sinnesorgane und Effektoren

Wir nehmen heutzutage an, daß unsere Sinnfabrik aus der Evolution stammt. Das Neugeborene ist organisiert, Sinnesorgane sind da, Effektoren, Reflexe, und auch 'Tendenzen' der einsetzenden "höheren" Koordination. Der Reflexapparat, die Sinnesorgane und Effektoren etc. sind *Strukturen* der aus der Welt stammenden und der in sie zurückgeschriebenen Zeichenketten - einer der Aspekte jeder Struktur ist derjenige des Merkmaldetektors. Diese Redeweise bringt eine besondere Auffassung von "Merkmal" mit sich, denn sie läßt Merkmale nicht schlechthin als Eigenschaften des Wahrgenommenen gelten. Wenn man sich einen Organismus aus Maschinen vorstellt, in welchem Strukturen vermittelt oder unvermittelt auf anderen zum Organismus gerechneten Strukturen operieren, und in dem gewisse Strukturen "vom Organismus selbst" umgebaut werden können und andere schwer oder garnicht, so ist es bloß zweckmäßig, jene Merkmale, die sich als relativ zum Organismus unveränderliche Strukturen darstellen, als Eigenschaftskategorien der Außenwelt zu betrachten. Merkmale ("Attribute") der Außenwelt sind Maschinen des Organismus. Insofern ein Sinnesorgan eine für den Organismus unveränderliche Struktur ist (und wir wollen einmal davon absehen, daß für einen hinreichend intelligenten Organismus *keine* seiner Strukturen prinzipiell unveränderlich ist), definiert es eine Klasse von *atomaren Zeichen* für den Organismus: solche Sinnesorgane sind ein epistemologischer Panzer.

Für eine auf einem Computer laufende virtuelle Maschine wird ein eingegebener Buchstabe ein nicht weiter analysierbares atomares Zeichen bleiben, solange sie nicht in die Schaltkreise der den Buchstaben erkennenden Struktur eingreifen oder neue Sensoren einer ganz anderen Art bauen kann; sie "begegnet" diesem oder jenem Byte - was immer das "für sie" ist -, aber ein

"Gefühl" für Elektrizität hat sie nicht. Mutandis mutatis gilt dies auch für Menschen. Jede Mustererkennung durch Menschen ist eine Leistung eines organisierten Netzes von Strukturen, von denen - in verschiedenen Abstufungen - einige für den Organismus schwieriger zu verändern sind als andere.[11] Zugleich ist aber die relative Veränderlichkeit der "höheren" Strukturen eine wesentliche Voraussetzung der Intelligenz, und die von Fall zu Fall vorgenommene Veränderung ihre wesentliche Leistung.

Die animistische Psychologie beschränkt sich auf die Unterscheidung der Modalitäten und Gestalten, aber auch die Physiologie sagt nicht viel darüber, wo ein Sinnesorgan endet und wo die zentrale Verarbeitung beginnt. Noch weniger kann ich zur Charakterisierung von atomaren Zeichen der menschlichen Intelligenz angeben. Einerseits wissen wir nicht, auf welchen Niveaus der körperlichen Organisation Zeichen nicht bloß als Konstrukte der Beschreibung auftreten (in der Selbstbeobachtung zwar ist der Zeichencharakter der Schirmbilder ja deutlich genug und ihre Funktion derart, daß es sinnvoll ist, überhaupt nur einen einzigen Schirm zu postulieren, auf dem sowohl die inneren als auch die äußeren - durch Auge, Ohr etc. "geschriebenen" - Zeichen erscheinen). Andrerseits können manche in intelligenten Akten erworbene Strukturen mehr oder weniger unveränderlich in uns werden, ja sogar in ihren "Gelenken" erstarren und nur mehr als Hebel in anderen Maschinen funktionieren: ich besitze sicherlich eine selbsterworbene, umfangreiche Struktur für den Buchstaben H, aber beim Lesen etc. kommt sie heute nicht mehr zum Einsatz. Und manchmal können wir starre Strukturteile "verflüssigen" oder durch beweglichere ersetzen beziehungsweise umgehen. Ich sehe einen braunen Tisch, und es ist schwieriger, das Braun als blau zu sehen als den Tisch als Schale. Es gibt indes Fälle, wo der braune Tisch nichts anderes "sein kann" als eine blaue Schale, und dann gelingt es mir auch, ihn als solche nicht nur in meiner Vorstellung, sondern durch meine Augen zu sehen. Aber ich kann z.B. eine senkrechte Linie nicht als waagrechte sehen, wenn ich meinen Körper nicht bewege.

In solchen Beziehungen sind Augen starre Strukturen, und doch ist es - durch raffinierte Vergleiche verschiedener Outputs untereinander und mit dem Output anderer Sinnesorgane, und durch Veränderungen des Auges im Vorschalten diverser Apparate - dazu gekommen, daß wir die Gegenstände, die wir sehen, gedanklich völlig anders strukturieren als es der Output des Auges unserer Intuition zuvor nahegelegt hatte. Organismen aus Maschinen, die wir sind, haben wir bisher zwar unser Sensorium noch nicht großartig umbauen können. Wir empfinden z.B. Magnetismus nicht; aber wir können ihn nunmehr, auf Grund von Umbauten der Strukturen oberhalb unserer Sinnesorgane, wahrnehmen - was Kognition angeht im Prinzip nach ganz der selben Weise, in der wir etwa den Mond wahrnehmen (die Geschichte mit der Mondbahn vorhin hat ja auch einen Aspekt der "Instinkt"-Veränderung).[12] Immerhin ist man für eine prinzipielle Betrachtung der Intelligenz bis zu einem gewissen Grad frei in der Voraussetzung des Niveaus jenes Apparats, der schon fertige "Gestalten" als Material der Intelligenz liefert. Speziell für meine Betrachtungen macht es keinen großen Unterschied, ob ich etwa elementare geometrische Formen, ja ob ich die "Konstanz des Gegenstands" erlernt sein lassen will oder eben vorgegeben: es geht um die *Konstruktion neuer Strukturen*, und das scheint ein Vorgang zu sein, der sich auf allen Stufen der Entwicklung einer Intelligenz als derselbe beschreiben läßt - dermaßen sogar, daß er als eine Fortsetzung der Evolution erscheint (freilich mit ganz andereren Prinzipien der Fortpflanzung und der Mutation).

Bei den Effektoren liegt die Sache sehr ähnlich. Es kann keinen Zweifel geben, daß das Kleinkind ihre Bedienung in langen und keineswegs mühelosen Experimentserien erlernen muß, zu schweigen von der Koordination mit dem Sensorium. Wie so etwas von innen aussieht kann man manchmal der Selbstbeobachtung entnehmen. Vor vielen Jahren - ich war längst erwachsen - ist mir einmal aufgefallen, daß ich die Augenbrauen nicht heben konnte ohne zugleich die Haut auf dem Schädel in Richtung Stirn zu bewegen. Im Spiegel sah ich, daß auch die Ohren ein klein wenig mitgezogen wurden. In den folgenden Wochen bewegte ich meine Augenbrauen immer wieder einmal aufmerksam in den kleinen Variationen, die ich zur Verfügung hatte, und unterschied immer deutlicher einzelne Muskelgefühle, ohne sie getrennt voneinander hervorrufen zu können. Wie durch Zufall fand ich schließlich einen "Willensakt", der das Gefühl der Ohrenbewegung vom Rest ein wenig abhob. Nach einigem Training wurde dieses Gefühl deutlicher und die Bewegung der Ohren im Spiegel wurde stärker. Die lokalen Entwicklungen in solchen Fällen werden natürlich durch den Umstand sehr begünstigt, daß ein Muskel (und seine Innervation) bei häufiger Betätigung wächst, aber wesentlich daran ist eben der Aufbau einer "sekundären" Repräsentation der raumzeitlichen Impulsmuster. Ich habe mich, seit ich diese Passage schrieb, daran gemacht, das Wackeln mit dem linken Ohr allein zu erlernen. Es entwickelt sich allmählich, und zwar interessanterweise sehr unterstützt durch eine allgemeine "Konzentration nach links", ein "Hinhorchen" auf die linke Kopfseite, Mitbewegen des linken Arms oder der linken Halsmuskeln (dadurch wird sensorisch lateralisiert, was motorisch zunächst noch symmetrisch ist), und ferner gerade auch durch die visuelle Vorstellung der erwünschten Bewegung, ein Spitzwerden des Ohrs, etc. Ich zweifle nicht, daß jene häufig zu beobachtenden Bewegungen nach einem Wurf, Billardstoß etc., die wie Versuche zur Fernsteuerung des fliegenden Balls usw. wirken ("Body English"[13]) ihren Ursprung in der unbewußten Erinnerung an den Erfolg solcher Maßnahmen beim Erlernen der Körperbeherrschung haben.[14]

Strukturen und Zeichen

Soviel ist an der alten Symbolverarbeitungs-Hypothese der KI meiner Meinung nach richtig: die menschliche Vorstellung operiert - *auf dem 'Schirm'* - *sequentiell* mit *Zeichen*, wie sich zum Beispiel in der Selbstbeobachtung und im Alltag (Zeichen und Zeichnungen unterstützen das Nachdenken und ermöglichen Kommunikation) feststellen läßt. Die Frage ist freilich, ob die Schirmelemente der Selbstbeobachtung Zeichen im idealisierten Sinn der Informatik sind.

Was sind Zeichen?

Jede Maschine in der Natur läuft in einer engverwobenen Landschaft aus anderen Maschinen. Die Wechselwirkungen zwischen der Maschine und ihrer Umgebung sind häufig schwer entwirrbar - oft können wir die Maschinen garnicht als festumrissene Gestalten ins Auge fassen. Da wir den Beitrag der Umwelt zu der Leistung einer Maschine (die auszuzeichnen uns irgendwie geglückt ist) oft schwer abschätzen können, und da als "Output" unserer Maschine vielfach wiederum Maschinen erscheinen, zögern wir häufig, von "Berechnungen" in der Natur zu reden.

In ihren Interaktionen können sich aber die Maschinen relativ aktiv oder relativ passiv verhalten. Eine Maschine A kann eine Maschine B aktiv in bestimmte auf Grund der inneren Beschaffenheit von B mögliche Stellungen stoßen, oder B kann irgendeine in einer bestimmten Stellung von A dargebotene "Silhouette" "abtasten". Eine Zeichenbeziehung entsteht, wenn eine dritte Maschine Z so funktioniert, daß sie von A in bestimmte Stellungen gestoßen werden kann, auf die B später reagiert. Wenn das in der Tätigkeit von A und B im Hinblick auf die frühere unvermittelte Interaktion keinen Unterschied machen soll, dann müssen diese Maschinen modifiziert werden, denn die Maschine

Z, das *Zeichen*, wird i.a. intern anders beschaffen sein als A und B. A braucht also eine nachgeschaltete Maschine, einen Effektor, der jenen Stoß, welcher zuvor B bewegt hat, in eine geeignete nun auf Z wirkende Bewegung umsetzt. Z dient in diesem Bild als Speicher für den Stoß; aber es werden viel mehr Maschinen für die Rolle von Z verfügbar, wenn Z die Eigenart des Stoßes nicht in einer internen Konfiguration speichert, die derjenigen der Maschine A vor Erwerb des Effektors gleicht, sondern nur in der Form einer für B erkennbaren "Silhouette". Das bedeutet, daß B nun eine vorgeschaltete Maschine braucht, ein Sinnesorgan, welches die von A verursachte "Silhouette" von Z in jenen Stoß umsetzt, der die entsprechende neue Stellung von B zur Folge hat. Die usprüngliche direkte Verbindung von A und B wird durch eine genauso direkte physikalische Einwirkung von A auf Z und von Z auf B ersetzt; die Varianten der geeigneten Strukturen Z sind aber für den Vorgang mehr oder weniger irrelevant.

Was hier stattgefunden hat, nenne ich einen *Schnitt*. Ein Schnitt erfolgt, wenn eine Struktur derart umgebaut wird, daß eine ihrer Komponenten auf Zeichen ausgelagert wird, wobei das neue Aggregat aus Maschinen und Zeichen dasselbe - und das kann immer nur heißen: in einer relevanten Hinsicht dasselbe - leistet wie die urprüngliche Maschine. Ich verwende den Ausdruck auch, wenn eine bereits geschnittene Maschine anders geschnitten wird, oder wenn eine Struktur in zwei oder mehrere neue zerlegt wird, ob sie nun miteinander über Zeichen verkehren oder in direkter Aktion (zum Beispiel durch Energieübertragung, in der Informatik durch "Ruf" und Parameterübergabe simuliert).

Sind die in einem Schnitt entstehenden "Effektoren" und "Sinnesorgane" als Moduln faßbar, so nenne ich sie *Projektoren*. Geschieht der Schnitt an einer Maschine innerhalb eines Organismus, dann können die Projektoren als *innere* Sinnesorgane und Effektoren betrachtet werden. Man wird natürlich noch einen weiteren Schritt tun und *jede* für den Organismus verfügbare Struktur als für die "innere Sensomotorik" rekrutierbar ansehen wollen. In einem Computer stößt das auf keinerlei Probleme technischer Natur - die Schwierigkeiten sind eher begrifflicher Art. Denn wie bestimmt man konkret in einer gegebenen Verknüpfung von Maschinen die "Sinnesorgane" und "Effektoren"? Das ist ein spezieller Fall des allgemeinen Problems: wie grenzt man Maschinen in der Natur voneinander ab? In der Metapher gelingt eine erste Unterscheidung etwa so: ein Modul fungiert in der jeweiligen Laufumgebung als Projektor, wenn nicht er selbst, sondern die ihn rufende Maschine als Aspekt ("Form") der auftauchenden Zeichen erscheint. Das wird, hoffe ich, anschließend etwas fundierter erscheinen, aber zunächst ist es wichtig, sich in den Sinn zu rufen, daß überhaupt alle Zerlegungen von Maschinen und alle Strukturierungen von Zeichenketten "im Kopf" stattfinden: der Metapher gemäß sind sie Strukturen in einem beobachtenden Organismus.

Ein Beobachter mag sich bei immer genaueren Untersuchungen bis an die Grenzen der heutigen Physik die Verhältnisse immer wieder schichtweise als Zeichenbeziehungen der gleichen Art konstruieren. Die Maschine Z erscheint dabei in drei Aspekte zerlegt:

- Teile ihres Mechanismus bleiben für die Zeichenfunktion irrelevant;
- andere Teile finden ihr Komplement[15] in den Projektoren (für die nachgeschaltete Maschine B mag es gleichgültig sein, ob ein gesprochenes oder ein gedrucktes H erscheint);
- der für B relevante Aspekt von Z schließlich ist eben B selbst oder eine Substruktur von B (B ist eine Relation von Z: eine Beziehung von Z zu anderen Zeichen, oder zu anderen Strukturen).[16]

Man kann dieses Verhältnis weiter idealisieren, und in der Automatentheorie geschieht das auch: alle Struktur überhaupt wird in A und B hineinverlegt gedacht. Von der Maschine Z bleibt nur übrig, daß sie von A in gewisse Stellungen "gestoßen" werden kann (man sagt eben: A "erzeugt", "schreibt", "druckt" das Zeichen), und daß sie eine solche Stellung, einen "Zustand", bis zum nächsten Stoß beibehält. Der Stoß kann natürlich auch von anderen Maschinen mit funktional äquivalenten Effektoren kommen, wie denn auch jede geeignete Maschine mit geeignetem Sinnesorgan das Zeichen auf ihre Art "lesen" (akzeptieren) kann.

Bewußtwerden dieser Umstände hat schließlich zu abstrakten Formulierungen geführt: zu der Vorstellung, daß ein finiter Automat auf einem anderen finiten Automaten derart operiert, daß die inneren Gegebenheiten dieses zweiten Automaten zum größten Teil vernachlässigt bleiben können (jedenfalls fehlt ihm der Motor) - daß also Teile einer Maschine in die als passiv gedachte Umgebung transferiert werden können. Die Formulierung ist die der Turingmaschine: einer Klasse von Gebilden, die alles umfaßt, was bisher sinnvoll als "Maschine" bezeichnet worden ist und zugleich eine obere Grenze der Leistungsfähigkeit von Maschinen definiert. (Für physiologische Erwägungen etc. ist aber auch bedeutsam, daß diese Formulierung es gestattet, das Spektrum vom Prinzip des kleinsten Energieniveaus über die Pheromone bis hin zu Buchstaben erstens als solches überhaupt wahrzunehmen und zweitens in Stufen der Kompliziertheit zu zerlegen.)

Es ist üblich geworden, so zu tun als wäre Z selbst etwas ganz anderes als eine Maschine, eine atomare Gegebenheit eben. Das ist für viele Zwecke bequem, aber für meine spezielle Betrachtung hat es Folgen, wenn man mit der Struktur Z (die Maschine, die das Zeichen *ist*), auch die Struktur A eskamotiert, die das Zeichen *erzeugt*. Natürlich schreiben auch in der allgemeinen Datenverarbeitung irgendwelche Prozeduren die Zeichen irgendwohin, aber danach sind diese Prozeduren für die Berechnungsvorgänge i.a. ohne Einfluß. Es kommt nur mehr auf die Strukturen B_i an, welche die Zeichenketten anschließend akzeptieren werden. Und in dem Schwung des Gedankens, der Zeichen zu atomaren Gegebenheiten abstrahiert, werden normalerweise sogar die Prozeduren A_i und B_i nur mehr als abstrakte Relationen betrachtet, deren konkrete Gestaltung ausschließlich im Hinblick auf die Umständlichkeiten der jeweiligen Implementation eine Rolle spielt.

Für einen mit geeigneten Sinnesorganen etc. versehenen Organismus markieren Zeichen als Input- und Outputphänomene eine "Oberfläche" der sie verarbeitenden Ereignisse deutlich und gewissermaßen von allein. Sie konstituieren Grenzen, wie sie - für menschliches Begreifen - in der Natur zwischen Gegenständen oft physikalisch gegeben scheinen: eben Modularisierungen. Die Wichtigkeit dieser Eigenschaft wird an der Tatsache begreiflich, daß wir Schirmbilder wahrnehmen, nicht aber die Mechanismen, die sie erzeugen. Nun liefert (gegeben einen geeigneten Meßapparat, der "erkennt", was ein Zeichen ist) jene Eigenschaft zwar ein oft nützliches Kriterium, aber die Individualität einer Maschine oder eines Moduls ist damit noch nicht völlig erfaßt. Denn wie lokalisieren wir Maschinen in der Natur, die nicht schon durch die für unser Sensorium erfaßbare Unterschiedlichkeit der physikalischen Kräfte voneinander abgegrenzt sind (etwa die "Unsichtbare Hand" etc.)? Es gibt z.B. Gesichtspunkte, unter denen das Gehirn in großen Bereichen ohne Zeichen operiert, als Dynamisches System (nämlich eben in der Art von Maschinen, die unvermittelt aufeinander einwirken), sodaß Abgrenzungen problematisch werden. Daß in dem Modul-Begriff eine Schwierigkeit steckt, wird ferner daraus deutlich, daß in einem herkömmlichen Computer, wie immer modularisiert sein Programm auch für einen Beobachter sein mag, der *locus of control* immer nur (salopp ausgedrückt:) Bits oder Bytes etc. "sieht". Das laufende Programm ist für bisherige Computer auf jeder Schicht, also auch für Betriebssystem, Programme etc. - wie man sich ihr "Bewußtsein" auch vorstellen mag - ein wahlloses Strömen von Impulsgruppen (und auch das ist schon zuviel gesagt).

Menschen aber können einen Modul erkennen, konstruieren, und sogar in neue Moduln auseinanderschneiden, wenn ein vorliegendes Problem das erfordern sollte. Wir können das auch dann, wenn keine Zeichen auftauchen - es ist ja umgekehrt häufig so, daß wir Zeichen einführen erst nachdem wir die Moduln erkannt haben, und daß wir uns damit die Moduln derart modifiziert denken, daß die Kommunikation zwischen ihnen in Hinkunft über die Zeichen verlaufen wird.

Wir können eine Maschine immer dann in Moduln zerlegen, wenn uns *Regelmäßigkeiten* in ihrem Verhalten auffallen. Solche Regelmäßigkeiten sind in einer Programmbeschreibung als solcher nicht effektiv zu entdecken (es sei denn, der Programmierer habe sich an gewisse Gliederungs- und Dokumentationsvorschriften gehalten). Es ist auch irrelevant, ob sie als Eigenschaften des *Programms* angesprochen werden oder nicht: jedenfalls sind sie Eigenschaften des *Beobachters*. Regelmäßigkeiten der Welt sind Strukturen *in mir*. Natürlich sollten sich diese neuen Regelmäßigkeiten im Umgang mit der Welt bewähren, aber das mag von einer Menge von Umständen abhängen, die mit der Entdeckung der Regelmäßigkeiten wenig zu tun haben; im Prinzip gilt für den Organismus: *Jede* Regelmäßigkeit ist wertvoll. Jedenfalls - wenn ich angesichts der allzu komplizierten Maschine sage: "Nun verhält sie sich wie diese andere Maschine" und "Jetzt verhält sie sich wie jene!", so kann das nichts anderes heißen als daß diese Vergleichsmaschinen in mir laufen. Ich erlerne sogar manchmal, wenn die Beobachtungsbedingungen sehr günstig sind und meine Kapazität nicht überfordert ist, die "fremde" Maschine in all ihrer Komplikation, und kann sie hinfort ihrerseits, als neue Regelmäßigkeit, zur Analyse anderer Maschinen heranziehen.

Das führt auf die für jede Diskussion von Intelligenz wichtige Frage: Wie individualisiert ein Organismus Maschinen in seiner Außenwelt und in seinem eigenen Repertoire, und wie etabliert er Regelmäßigkeiten und Ähnlichkeiten von Zeichenketten beziehungsweise von Maschinen? Denn wenn mein Mond-Landschaft-Computer nichts weiter als das beste bekannte Betriebssystem und die eingangs beschriebene Ausstattung hat, dann steht von vornherein fest, daß er über die zwar auch behavioristisch feststellbaren, freilich vorgegebenen Unterscheidungen von "Mond" und "Effektor" usw. hinaus nichts dergleichen hervorbringen kann. Und er würde dazu auch dann nicht in den Stand gesetzt, wenn man ihm auch noch alle bisherigen KI-Programme zur Verfügung stellen würde.

Die einzige mir möglich scheinende Antwort auf jene Frage habe ich ja schon wiederholt angedeutet: der Organismus leistet das von Fall zu Fall, weil er selbst diese Analyse-Strukturen schon besitzt oder aus Strukturen seines Repertoires zusammensetzen kann, oder weil er geeignete Maschinen gelegentlich neu erwirbt. Zunächst muß die unglaubliche Flexibilität und Zielsicherheit des Zusammensetzens von bereits vorhandenen Strukturen erklärt werden. Ich nehme an, daß, vor einem Anblick zum Beispiel, zahlreiche Strukturen mehr oder weniger (d.h. natürlich auch geführt durch die - selbst wieder zum internen Geschehen rückgekoppelte - Fokussierung und Bewegung des Sinnesorgans) parallel anspringen und durch die aktuelle Laufumgebung ausgewählt und ineinander kompliziert werden, wobei jeweils eine bestimmte zeitweilige Heterarchie mit einer oder zwei Formen als Hauptprogramm(e) entsteht. Dabei sind natürlich "eingefahrene" Kopplungen wichtig, aber wenn eine befriedigende Heterarchie nicht zustandekommt, ist der Organismus darauf angewiesen, mit den unverbundenen Strukturen zu operieren, was sich in der Selbstbeobachtung als eine Art Traumtanz über Abgründen manifestiert.[17] Das ist die Lage, die normalerweise zum Versuch der Konstruktion neuer Strukturen führt.

Da damit zu rechnen ist, daß die nicht bewußtseinsfähigen kognitiven Strukturen auch nicht ausreichend modularisiert sind, hat es nicht viel Sinn, unbewußte Zeichen als Grenzen zwischen

Moduln vorauszusetzen. Anders verhält es sich mit vielen Schirmbildern: hier sind Moduln häufig einfach dadurch abgegrenzt, daß sie zu in sich abgeschlossenen Strukturen gemacht werden können, die mit anderen Moduln über Zeichen verkehren. Es ist eine typische introspektive Erfahrung, daß jeweils *Formen* die übrige Heterarchie dominieren: *Eine Modularität einer komplexen Maschine ist* - Zeichen oder nicht - *durch Formen definiert.*

In der Selbstbeobachtung scheinen solche Vorgänge derart abzulaufen, daß der entsprechende Zustand einer Form "stehenbleibt", wenn, z.B. aus Gründen der Analyse, die von diesem Zustand "gerufene" Substruktur auf dem Schirm operiert. Der vorübergehend erstarrte Zustand bleibt aber dem Bewußtsein zumindest marginal gegenwärtig, und das ist sicherlich ein wichtiger Unterschied zu den modularisierten Programmen der heutigen Computer. (Aber eine Form ist doch selber eine Maschine? Nun, auch die jeweils regierenden Formen sind durch in mir vorhandene Strukturen abgegrenzt. Diese Argumentation würde sich nicht einmal bezüglich einer detachierten Wolke von geeignet organisierten, einander ständig umbauenden Strukturen in einen infiniten Regreß verlieren müssen, aber so weit brauchen wir ja garnicht zu gehen: die Heterarchie meiner Strukturen ist in den für mich jeweils unveränderlichen Strukturen meines Körpers verankert.)

Man kann sich eine Form, wie schon gesagt, als eine "Ruf"-Struktur vorstellen, als eine Maschine, die als Hauptprogramm funktioniert. Sie kann selbständig laufen, nämlich auf Namen, d.h. auf Blindgängern, die bloß Standardwerte zurückgeben; in einem anderen Modus kann sie aber auch Prozeduren aktivieren, die mit den im vorigen Modus durch Namen markierten Schnittstellen assoziiert sind, und geeignete Laufumgebungen können an diesen Schnittstellen auch wieder ganz andere Strukturen einsetzen. In diesem Bild ist ein Name die gröbste Art von Form. Je nach Laufumgebung aktiviert er Formen, um die gewisse für die Form typische feinere Strukturen "schwimmen". Im Normalfall eines mühelosen Sprachverstehens zum Beispiel erzeugen einzelne Formen einer durch die Geschichte des Organismus definierten Laufumgebung Sehflecken in irgendeiner Konstellation, deren gefühlte Dynamik aus dem Anlaufen, Auf-der-Stelle-Treten und Weiterlaufen von Strukturen unterhalb des Schirms besteht. Nun ist aber auch klar, daß jede Maschine ganz verschiedene Formen haben kann, die ihre verschiedenen Aspekte in verschiedenen Laufumgebungen sind: ich sehe an irgendeiner Maschine zu irgendeinem gegebenen Zeitpunkt, daß sie *dies* macht, und ein andermal, daß sie *jenes* tut, und das "dies" kann quer durch die Struktur des "jenes" schneiden. Neben dem Lauf einer bestimmten Form verschwinden eben andere Aspekte, die der Gesamtstruktur gleichfalls zukommen (wenn ich andere Formen dafür besitze). Und das heißt zugleich, daß diese Struktur eben variable Grenzen zur Umgebung hin hat.[18]

In jeder Beschreibung ist die Erfahrung des Beschreibenden mit den Konstrukten der beschreibenden Metapher verwirrt, und im Vorangehenden ist das sicherlich ziemlich weit über das Unumgängliche hinaus geschehen. Ich liste daher besser noch einmal einige Züge auf, die ich für von der Metapher unabhängige Elemente meiner Selbstbeobachtung ansehe:

- Gegliederte 'innere Bilder' vor einem diffusen Hintergrund.
- Teilweise 'bewußte' Steuerung der Bildelemente, Bewegungen, Überlagerungen, Verschmelzungen, etc., die stets mit im Körper gefühlten Steuerungsimpulsen einhergeht. "Widerstand" aus dem Unbewußten gegen gelegentliche "falsche" Führungen der Bildelemente.
- Expandieren der Bildelemente, unabhängig voneinander, und umgekehrt Komprimieren von Bildkomplexen.
- Das häufige, in diversen Stadien mehr oder weniger präsente Bewußtsein einer Zielvorgabe für das gesamte Geschehen.
- Das experimentierende Variieren der Bildkonfiguration, bis hin zum Aufbau anderer Betrachtungsebenen, wenn sich Konfigurationen als unbrauchbar für gewisse Zwecke erweisen.
- Das gelegentliche spontane Bemerken von Regelmäßigkeiten und Ähnlichkeiten im Verhalten der Bildelemente, begleitet oder gefolgt zumeist von einem Schärferwerden der solchen Regelmäßigkeiten unterliegenden Merkmale bei gleichzeitigem Zurücktreten der übrigen Eigenschaften.
- Der zielstrebige und vergleichsweise mühelose Aufbau eines neuen Bilds, in dem die neu gefundenen Regelmäßigkeiten übersichtlicher zum Ausdruck kommen.

Man kann diese Liste zweifellos vermehren, sie wird jedoch stets nur die Oberfläche eines nicht beobachtbaren Geschehens kartieren. Wenn sich nun, wie in der Tat der Fall, auf dieser Oberfläche immer wieder die selben Abfolgen feststellen lassen, so bleibt ihre Subsumtion unter Formen doch durchaus spekulativ. Unter diesem selbstverständlichen Vorbehalt beschreibe ich nun ein solches Schema mit Hilfe der bisher aufgebauten Struktur-Metapher.

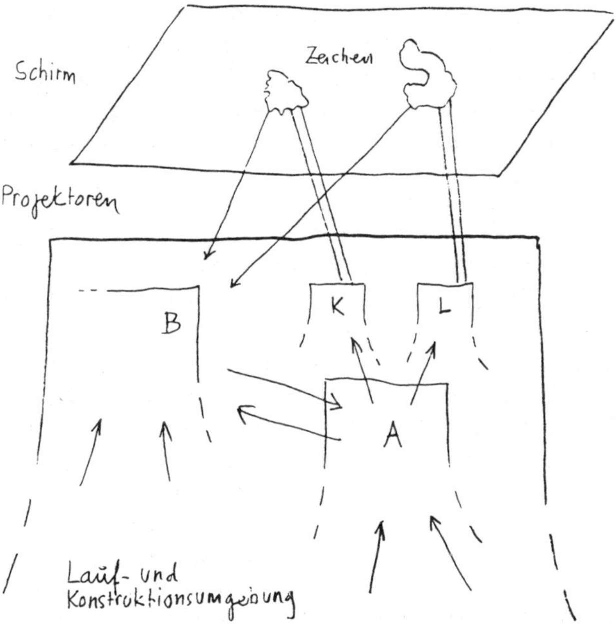
Schirm
Zeichen
Projektoren
B
K
L
A
Lauf- und
Konstruktionsumgebung

Figur 9

Die Zeichen auf dem Schirm werden von den Strukturen K und L mit Hilfe von Projektoren erzeugt. In der Struktur A ist festgelegt, wie sich die Zeichen, unter Berücksichtigung der Laufumgebung, global, d.h. unexpandiert, auf dem Schirm zueinander verhalten können; A wirkt wie ein Labyrinth auf dem Schirm (in meiner Vorstellung der Erde-Mond-Beziehungen kommt es z.B. nicht vor, daß die Drehachse der Erde kippt; natürlich kann ich sie kippen lassen, aber dann ist eben eine neue Struktur A' zum Eingriff gekommen). Alle diese Strukturen sind in eine gemeinsame Laufumgebung eingebettet.

Andere Maschinen in der Laufumgebung bilden eine engere "Konstruktionsumgebung" (hier als Ursprung und Ziel der Pfeile auf der linken Seite vorzustellen). Sie "beobachten" die Zeichen und manipulieren sie auf dem Schirm - den in A festgelegten Freiheitsgraden gemäß - durch entsprechende Einwirkung auf A, K und L. (Der weiter oben erwähnte Eindruck des "Vorbeisehens" und "Abstandnehmens" in der Selbstbeobachtung könnte durch ein Übergehen von K oder L zu A erklärt werden, wobei K und L noch einigermaßen aktiv gehalten werden; auch die subjektiv auffallende größere Anstrengung paßt in diese Vorstellung - s. auch Figur 1 B und die diesbezügliche Bemerkung.) Die Konstruktionsumgebung "versucht", in den Bewegungen und in den entstehenden Anordnungen der Zeichen Regelmäßigkeiten "wahrzunehmen" oder zu konstruieren, die noch nicht explizit in der Struktur A vorhanden sind.

Wenn ich nun behaupte, daß sich in meiner Interpretation einschlägiger Ergebnisse der Selbstbeobachtung *eine gelungene Konstruktion* B *als Turingmaschine darstellt, die auf den Schirmzeichen derart operiert, daß bestimmte Schnittstellen der Laufumgebung in bestimmter Weise bedient werden*, so wähle ich die provokanteste Formulierung, weil sie die Schwierigkeiten meines Ansatzes am schärfsten hervortreten läßt.

Viele Probleme des Alltags gleichen der Aufgabe, irgendeinen je einmaligen Weg durch das Bleibende der Bedingungen zu finden. Die Lösungen erscheinen oft als lineare, von den Zeichenketten der jeweiligen Problemformulierung selbst diktierte Bewegungsfolgen - die Reise als solche bleibt ephemer. Dieser Blick genügt nicht. Isolierte Folgen dieser Art sind triviale Maschinen - sie als Lösungen zu akzeptieren setzt ein banales Verständnis der Probleme voraus. Zum Beispiel können i.a. topographische "cognitive maps" (Tolman *1948*) nur triviale Strukturen sein, aber gewisse Arten ihrer Benutzung setzen gefaltete Strukturen voraus. Die Kreativität der menschlichen Intelligenz besteht darin, triviale Maschinen zu Klassen, d.h. zu *Verfahren* zusammenzufassen. Jede allgemeine Lösung erfordert Analysen der Zeichenlandschaft A als Maschine, und jeder konkrete Lauf der Zeichenlandschaft stellt sich als Weg dar. Die Menge dieser Wege muß zu einer Wegmaschine gefaltet werden, welche eben auf bestimmten Parametern zu jeweils bestimmten einzelnen Wegen wird. Die Herstellung dieser Wegmaschine *als Faltung* B eröffnet erst die Möglichkeit, diese Maschine nun ihrerseits an Hand der von ihr erzeugten Zeichenketten als neue Problemlandschaft zu untersuchen. Die Untersuchungs- und Konstruktionsmechanismen bleiben aber, jedenfalls in der Introspektion, die selben auf jeder Stufe der Hierarchien. "Einsichten in die Natur von konkreten Zeichenkombinationen" sind formal das selbe wie "Einsichten in Einsichten".

Ich besitze die Strukturen K, L, A, ..., die Projektoren, erst recht die Laufumgebung usw., keineswegs immer *explizit*. Es ist durchaus denkbar, und im Hinblick auf unser Wissen von den Gehirnstrukturen sogar höchst wahrscheinlich, daß ein bedeutender Teil jeder Laufumgebung als ein integriertes System betrachtet werden muß, dessen "Komponenten" - sofern einem externen Beobachter Zerlegung in befriedigender Weise möglich wäre - miteinander "direkt" kommunizieren. Diese Betrachtungsweise schließt natürlich nicht aus, daß zahlreiche Komponenten einer Laufumgebung im Zug der Entwicklung einer Intelligenz als Turingmaschinen verfügbar gemacht worden, und in solchen Fällen eben gelegentlich in mehrfacher Ausfertigung vorhanden sind (im Bereich der Mathematik z.B. ist das häufig der Fall). Der Annahme paralleler und ungenügend modularisierter Komplexe ist natürlich auch durch über- oder unterfaltete (triviale) Turingmaschinen Genüge getan, aber mir scheint die Forderung, daß Zeichen nur auf dem Schirm erscheinen sollen, eine Intuition der Selbstbeobachtung besser zu erfassen.

B ist, in meiner Introspektion, häufig nichts anderes als eine Turingmaschinen-Formulierung von A: ein Aspekt von A als sequentielle, auf Zeichen operierende Maschine, die in dieser Form z.B. auch konventionell in Worten beschrieben und - geeignete Laufumgebungen beim Hörer vorausgesetzt - als Beschreibung kommuniziert werden kann. Habe ich A jedoch schon als Form etc., dann ist B nicht selten ein *neuer* Aspekt der von A erzeugten Zeichenketten.

Betrachtet man die Skizze im Hinblick auf Problemlöse-Vorgänge, so impliziert das, daß die "Versuche", ein B zu konstruieren, durch eine "Ziel"-Vorgabe als Bestandteil der Nebenbedingungen beschränkt sein müssen (aber man beobachtet, daß die beteiligten Vorgänge gern aus dem Ruder laufen). Sind nun irgendwelche neuen Regelmäßigkeiten entdeckt und in B, der entstandenen Induktion, gefaltet, dann ist B entweder die Lösung des Problems oder nicht. Wenn nicht, so kann die Konstruktionsumgebung versuchen, wieder andere Regelmäßigkeiten zu finden. Sie kann - häufiger Fall - die Parameter variieren. Sie kann versuchen, einen anderen Aspekt von A in die Konstruktionsumgebung aufzunehmen, d.h. A anders zu schneiden, wenn diese Struktur bereits in Turingmaschinenform vorliegt. Sie kann die Projektoren auswechseln oder versuchen, neue Projektoren zu konstruieren. Sie kann auf eine der Strukturen K oder L zurückgehen (die dann in einem neu erscheinenden "Bild" die Rolle von A übernimmt). Sie kann, solange noch Struktur da ist, tiefer in die Laufumgebung zurückgehen. Sie kann nach neuen Strukturen zur Aufnahme in die Konstruktionsumgebung suchen. Die Möglichkeiten sind damit nicht erschöpfend aufgezählt, aber darauf kommt es hier nicht an. In jedem Wechsel erscheint ein anderes Schirmbild, und der Organismus findet sich jäh in einer anderen Landschaft wieder, ohne die Verbindung zur alten völlig zu verlieren.

Ich finde häufig als Resultat, daß die neukonstruierte Maschine B fortan gleichberechtigt mit A in mein Repertoire aufgenommen worden ist oder A überhaupt verdrängt hat. Ist B eine Struktur, die nicht unter eine Form von A gebracht werden kann, so ergeben sich natürlich andere Einschränkungen für die Bewegungen der Bildelemente, wenn B in irgendeinem Lauf an die Stelle von A gesetzt wird. Die Bildelemente werden vielleicht durch andere Zeichen ersetzt, und eine völlig neue Struktur C kann in Angriff genommen werden. In diesen Fällen können die Strukturen, welche K und L ersetzen, anfangs sehr einfach sein (triviale Strukturen), und jede unvermittelte Verbindung mit A scheint abgeschnitten. Die Zeichen hängen dann eine Zeit lang in der Luft wie die idealisierten Zeichen der Informatik. Sie scheinen atomar, und beziehen ihren "Sinn" allein aus der Struktur B. Doch unausbleiblich gewinnen sie im Verlauf meiner Beschäftigung mit dieser Situation neue "Bedeutungen" in Gestalt gefalteter Strukturen (sie werden z.B. zu Namen für gewisse neue Aspekte der neuen Bewegungsgesetze, zu Namen für ausgeschnittene Komponenten von B, usw.). Neue Bestandteile der Laufumgebung falten sich aus und machen sich auf dem Schirm bemerkbar usw. und die anfangs "flachen" Zeichen haben, für mein Gefühl, wieder "Tiefe" bekommen.[19] Diese neugewonnene Tiefe muß in keiner Weise irgendwelche Züge der empirischen Außenwelt wiederspiegeln: die Außenwelt ist für mich - wie übrigens auch sonst stets - der Automatenraum der Laufumgebung; der einzige Unterschied zu einer Bezugnahme auf die Außenwelt ist, daß keine Steuerungsimpulse aus den körperlichen Sinnesorganen und Effektoren maßgeblich werden.[20]

Die Tiefe der die Schirmzeichen erzeugenden Strukturen variiert natürlich, denn sie ist das jeweilige zur Verfügung stehende Wissen. In gewissen Fällen (die man selbst als Grenzfälle empfindet) kann die aktuelle Heterarchie reichlich flach werden, doch sind die Schirmzeichen so gut wie nie Zeichen im idealisierten Sinn, denn eine unterliegende Struktur ist stets vorhanden und reichert sich sehr rasch an: die Operation auf dem Schirm darf nicht als bloße *Zeichen*operation verstanden werden. Eine Maschine arbeitet, nur zum Teil vermittelt durch Zeichen, auf anderen Maschinen, wobei

- das Verhalten der Operanden durch vielfältig ineinander verschachtelte "tiefere" Strukturen, und
- ihre Steuerung gemäß den so festgelegten Regeln durch bestimmte Effektoren gewährleistet ist, wobei
- eine bezogen auf den jeweiligen Fall "höhere" Struktur die auf dem "dazwischenliegenden" Schirm stattfindenden Veränderungen "beobachtet", und mit den Effektoren "experimentiert", "um" Regelmäßigkeiten ihres Verhaltens als neue Operatoren zu konstruieren.

Ich streiche einen ständig wiederkehrenden Zug des skizzierten Vorgangs noch einmal heraus: Wenn in einem Lauf des zeichenmanipulierenden Organismus in irgendeiner neuen Bewegung eine noch nicht berücksichtigte Charakteristik der durch die Namen bezeichneten ursprünglichen Maschinen störend zur Wirkung kommt (und das merkt der Organismus daran, daß sich die Zeichenkombinationen widersprüchlich, etwa in Bezug auf A, verhalten, oder, in einem überprüfenden Vergleich, anders als die bezeichneten Maschinen - man vergleiche das Mond-Beispiel), so bleibt nichts übrig als die ursprünglichen Strukturen noch einmal zu analysieren und zu versuchen, sie im Hinblick auf die neue Entwicklung besser in den Griff zu bekommen. Diese Analyse ist aber nichts anderes als wiederum der selbe Vorgang in einer anderen Lauf- und Konstruktionsumgebung.[21]

Zeichen im vorgestellten Sinn - d.h. als "Griffe" an erzeugenden und als Angriffspunkte akzeptierender Strukturen - sind demnach unabdingbar für die menschliche Intelligenz. Man erkennt das an zahlreichen Eigenschaften des in meiner Skizze dargestellten Vorgangs, aber ich hebe eine besonders merkwürdige und wichtige hervor, die in ihr nicht offen zum Ausdruck kommt: Zeichen können in dem Konstruktionsvorgang für Strukturen stehen, die es - aus allerlei Gründen - garnicht geben kann, und natürlich erst recht für solche, die uns in einer bestimmten Situation nicht oder noch nicht gegeben sind. Die Erklärung dafür ist, daß wir in all diesen Fällen gewisse Eigenschaften angeben können, welche solche unmöglichen oder unbekannten Strukturen relativ zur Laufumgebung haben müßten. Diese Eigenschaften sind Formen, in welchen die Namen der nichtexistenten Strukturen als Blindgänger erscheinen.[22]

Diskussion

Die bisher bekannt gewordenen Problemlöse- und "Fertigkeiten-Erwerb"-Programme könnte man grob wie folgt skizzieren:

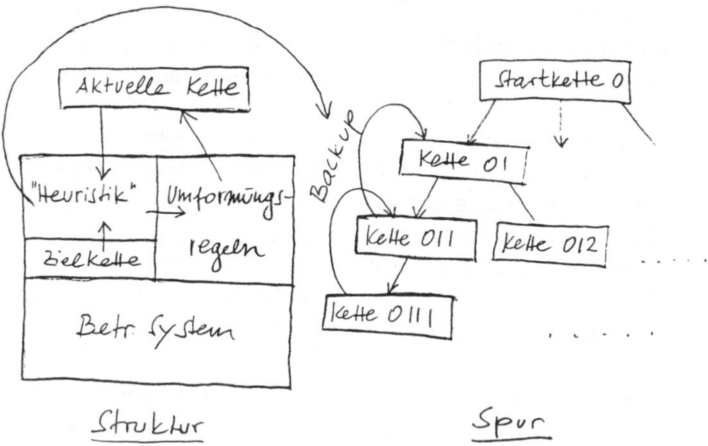

Figur 10

Die Lösung eines Problems erscheint als das Finden eines Wegs in einem Ableitungslabyrinth, von einer in der Problemformulierung vorgegebenen Start-Zeichenkette zur zugleich mitgegebenen Ziel-Zeichenkette. In anthropomorphisierender Redeweise spricht man von einem "Problemraum", und meint damit einen gerichteten Graphen, der beim Vorwärts-Arbeiten des Programms sukzessive als Suchbaum erzeugt wird, während das Backup (Zurückkehren zu einem bereits einmal bearbeiteten Knoten, wenn die Suche in eine bestimmte Richtung fehlschlug) so etwas wie eine Rückwärts-Verbindung herstellt. Ein direkter Vergleich mit der vorigen Skizze ist kaum möglich, denn der entstehende Graph dient nur der Buchhaltung für das Backup, in den neueren Programmen auch für das sogenannte Chunking (das Zusammensetzen eines neuen Operators aus mehreren vorhandenen Operatoren, wenn die Reihenfolge ihrer Anwendung sich häufiger wiederholt, Newell et al. *1989*), und zur anschließenden Analyse durch den Programmierer.

Diese "Problem-Löser" unterscheiden sich von meinem Schema natürlich nicht dadurch, daß sie nur Manipulationen vornehmen können, die zu einem bestimmten Zeitpunkt im Repertoire vorhanden sind. Der Unterschied liegt darin, daß die festen Operatoren (Ableitungsregeln) und die vorgegebenen Heuristikregeln (die in den Läufen des Programms eventuell eine Umordnung ihrer Rangfolge erfahren können) die einzigen Strukturen der vorkommenden Ketten aus atomaren Zeichen (der Knoten des Suchbaums) sind und bleiben. Es kann keine Rede davon sein, daß solche Programme neue Strukturen der Zeichenketten oder gar eine Struktur des "Problemraums" - im hier eingeführten Sinn von Struktur - konstruieren können. Ich nenne diese KI-Programme deswegen "flache Formalismen". Die Illusion, daß diese flachen Programme Intelligenzleistungen hervorbringen, kann dadurch entstehen, daß ihre Tätigkeit im

Kopf des Programmierers nachvollzogen wird, wo das Programm freilich auf dem ganzen Apparat einer tatsächlichen Intelligenz läuft. Wie ich im ersten Abschnitt angedeutet habe, stammt die Idee zu derartigen Maschinen aus behavioristischen Versuchsanordnungen, in welchen Menschen in den allerersten Phasen von Zeichenmanipulationen beobachtet werden, deren Regeln ihnen zuvor unbekannt gewesen waren und die sie dementsprechend nur nach allerallgemeinsten Prinzipien ("Heuristik") in Versuch-und-Irrtum einsetzen können.

Im Hinblick auf das bisher Gesagte kann man die Unzulänglichkeiten eines derartigen Ansatzes grob in drei Punkten zusammenfassen:

- Die Operation auf Zeichen (im idealisierten Sinn) statt auf Strukturen.
- Die flache Algorithmik (in Wiederholungen produzieren solche Programme bei gleicher Problemformulierung immer die selben, eventuell durch "Chunking" komprimierten Wege, gleich wie viele und wie verschiedenartige Probleme sie in der Zwischenzeit gelöst haben mochten).[23]
- Das Fehlen einer für das Programm selbst analysierbaren Struktur des Problemfeldes und das Fehlen aller Mittel zu einer derartigen Analyse.

Im Begriff des Algorithmus moniere ich jedoch nicht die Determiniertheit an sich, sondern die Determiniertheit eines abgeschlossenen Systems. Auch der in meiner Metapher beschriebene Organismus ist natürlich vollkommen determiniert (ein etwaiger Eindruck, er arbeite in nicht determinierten Sprüngen, entstünde, weil die Außenwelt den fehlenden Part der Berechnungen enthält).

In meinem Bestehen auf der komplizierteren "Architektur" meines metaphorischen Organismus bestreite ich ferner nicht, daß es auch beim menschlichen Problemlösen nicht selten Suchvorgänge gibt, die sich in grober Näherung mit dem flach formalen Durchmustern einer Reihe von vorgegebenen Transformationsmöglichkeiten vergleichen lassen (es ist ja auch klar, daß sich die Grundidee dieser KI- Problemlöser einer Selbstbeobachtung der Konstrukteure verdankt). Ich betone aber, daß solche Programme nur marginale Mechanismen der menschlichen Intelligenz - erstes Bekanntwerden mit neuartigen Problemen und letzte Zufluchten - simulieren. Die Konstruktion der flachen KI-Maschinen bietet denn auch keine prinzipielleren gedanklichen Schwierigkeiten, während das beim Organismus der Metapher sehr wohl der Fall ist. In der Metapher erscheint die Leistung der Intelligenz in verschiedenen Aspekten:

- Konstruktion einer Turingmaschine unter Nebenbedingungen (von denen die Zielvorgabe natürlich nur ein Teil ist);
- Schnitt einer Struktur, d.h. Zerlegung in eine andere und in eine Zeichenmenge, unter Nebenbedingungen;
- Konstruktion von Ähnlichkeiten in Zeichenketten und in Strukturen unter Nebenbedingungen;
- usw.

Jede dieser Leistungen kann für jede andere eingesetzt werden, denn es sind Aspekte eines einzigen Vorgangs. Dieser Vorgang ist vielleicht am klarsten typisiert im *Falten einer Zeichenkette unter Nebenbedingungen*, und in ihm scheint mir in der Tat der Kern der Kreativität erfaßt - jedenfalls soweit von der Kreativität der Intelligenz im engeren Sinn die Rede ist.

Die limitativen Ergebnisse der Logik zeigen nun eindeutig, daß die aufgezählten Aufgaben *nicht effektiv gelöst werden können.* Es kann etwa, um nur ein besonders instruktives Beispiel anzuführen, kein Programm geben, welches von einer beliebig vorgelegten Turingmaschine feststellt, ob sie eine vorgelegte beliebige endliche Zeichenkette erzeugen kann oder nicht. Demnach kann ein Programm auch die Äquivalenz zweier beliebig vorgelegter

Maschinen nicht effektiv feststellen, wenn man unter "Äquivalenz" versteht, daß die beiden Maschinen auf gegebenen endlichen Mengen von Input-Zeichenketten die selben Output-Zeichenketten erzeugen.[24]

Damit scheint über die Möglichkeit einer Maschinenintelligenz ein endgültiges Urteil gesprochen. Doch dem ist nicht so. Denn die menschliche Intelligenz steht vor genau den selben Hürden: ich habe kein Verfahren zur Verfügung, das ein Gelingen von jeweils geeigneten Strukturierungen garantieren würde. Auch ich kann Regelmäßigkeiten etc. nicht *beliebig* finden - sie scheinen mir nur beliebig, weil sie so oft wie aus dem Blauen kommen und überdies manchmal ganz unerwartete Perspektiven aufreißen. Die Analyse der Selbstbeobachtung in solchen Fällen ergibt immer wieder, daß die neuen Ähnlichkeiten auf verschiedene Weisen in mir vorgebildet waren, oder läßt die Wege ahnen, auf denen sie in meinen Besitz kommen. Meine Ressourcen sind die folgenden:

- Ich *erkenne* eine Maschine, weil sie etwas tut, das ich auch schon einmal getan habe. Ist zum Beispiel die Steuerung meiner Motorik genügend modularisiert - und das erlerne ich im Umgang mit der Außenwelt - so kann ich nachahmend ein Bewegungsmuster wiedererkennen. Erklärungsbedürftig bleibt dabei die bei all der enormen Flexibilität erstaunliche Zielsicherheit, mit der Strukturen in Formen eingesetzt werden oder Strukturen einmal als Aspekte und ein andermal als Projektoren auftreten, vor allem aber die Leichtigkeit der meisten Schnitte. Offenbar ist dieses Auswechseln vielfältig vorbereitet, etwa insoweit es dem Auswechseln von Gegenständen (Werkzeugen) entspricht, mittels derer die selbe Bewegungsfolge verschiedenartige Effekte in der Außenwelt hervorruft; man wird jedoch, denke ich, ein gewisses Ausmaß von (unbewußter) paralleler Konkurrenz partiell anspringender

Formen postulieren müssen (provisorische Ideen dazu finden sich in Edelman *1987*).

- Auf dieser Grundlage kann ich *neue Strukturen durch Beobachtungen von Maschinen in der Außenwelt erwerben.* Die Offenheit zur Außenwelt spielt auch dort eine Rolle, wo sie sozusagen garnicht notwendig wäre (wo man eine Maschine imitiert, die man bei einiger Anstrengung auch aus dem eigenen Fundus allein konstruieren könnte).
- Wenn ich eine Inputmenge und eine Outputmenge von Zeichen vorgesetzt bekomme, ohne Gelegenheit zu haben, eine Maschine bei der Transformation zu beobachten, und ohne in meinem Vorrat eine Struktur auffinden zu können, welche die vorgezeichnete Transformation leistet, so kann ich versuchen, mir *diese Transformation in Gestalt von trivialen Strukturen* (Tabelle) *einzuprägen.* Diese Vorgangsweise steht im Prinzip auch einem flachen Formalismus zu Gebote, aber ein flacher Formalismus kann nicht wissen, in welchen Fällen - außer den ihm vorgegebenen - von der gespeicherten Tabelle vorteilhaft Gebrauch zu machen ist, denn dazu müßte er die Einbettung der Tabelle in eine Umgebung von analysierten Maschinen haben; und er hat keine Chance, die Tabelle in weiteren Experimenten zu falten oder zu interpolieren.
- Ich kann mich auf *Versuch-und-Irrtum* verlegen. Versuch-und-Irrtum in einem sehr allgemeinen Sinn ist eigentlich in jedes Programm eingebaut, und jedenfalls ist es das Wesen des Backup-Verfahrens. Aber mein Probieren ist, außer in banalen Fällen, auf die Konstruktion einer *Maschine* gerichtet. Es erfolgt stets in einer von der Laufumgebung aus Strukturen gebildeten Hohlform, die das Experimentieren auf jeweils eng umrissene Stellen einer Struktur beschränkt: ich habe fast immer eine Form dessen, was die neue Maschine im einzelnen machen soll.

Darüber hinaus muß ich die unmittelbare Umgebung dieser Schnittstelle in geeigneter Weise modularisieren können, damit die zu erwürfelnde Struktur, auf Zeichen operierend, nicht weit ab liegende unerwünschte Nebeneffekte hervorrufen kann. Tut sie das dennoch, so muß ich den Schaden und seine spezifische Ursache erkennen, und durch Umstrukturierung der Laufumgebung neutralisieren können.

- Ich lerne neue Strukturen *in der Kommunikation mit anderen Menschen*, die, im günstigen Fall, Modelle von meiner Ausgangslage haben und die Assemblage meiner Maschine nicht nur durch Vormachen, sondern auch durch geeigneten Sprachgebrauch steuern können.
- Usw.

In jedem Fall sind meine Modularisierungen eine bestenfalls subjektiv adäquate Zerlegung der Außenwelt. Sie sind jedoch im Hinblick auf die Beschränktheit meiner Kapazität unumgänglich. Ich vermute optimistisch, daß die Grenze für die unmittelbare Überblickbarkeit meiner Moduln etwa bei zwei bis drei Zuständen einer Turingmaschine auf binärem Alphabet liegt. Menschen können zwar mit komplizierteren Moduln umgehen, besonders wenn sie zu externen Hilfsmitteln Zuflucht nehmen, doch 'verstehen' sie diese Komplizierungen nur unter gewissen - im Vergleich immer viel einfacheren - Aspekten. Andrerseits ermöglicht das lokale Koppeln einfacher Moduln die Nachahmung von Strukturen jeder Ordnung von Kompliziertheit.

Man muß sich noch einmal vor Augen halten, daß in der Metapher ein Organismus nur *Zeichenketten* "sieht", und nicht etwa Maschinen: um den Besitz einer Maschine zu erlangen, muß er selber diese Maschine werden. Damit er eine Struktur studieren kann, muß er ihre Wirkung auf Zeichen beobachten können und diese Wirkung imitieren. Ich glaube, es ist diese Voraussetzung, welche die Notwendigkeit der körperlichen

Sensomotorik am klarsten erkennen läßt. In der Selbstbeobachtung sehe 'ich' Bildelemente, und ein Teil von mir ist zugleich die bewegende Maschine. Ich empfinde in der Tat die jeweiligen "inneren Effektoren" als Verlängerungen meiner Hände etc., nämlich als Werkzeuge, die wie hinter einem Vorhang arbeiten und die meine Körperbewegungen in andersgeartete und meinem Körper selbst bisweilen fremde Bewegungsarten transformieren, von denen ich nur die Wirkungen beobachten kann (wie beim Ohrenwackeln). Dabei arbeite ich hauptsächlich mit *Formen* der Effektorstrukturen: das 'Bild' überspringt die Zwischenstadien, d.h. die Berechnungen durch die feinere Struktur werden normalerweise nicht ausgeführt.

Sehr oft habe ich nichts als die grobe Version des Werkzeugs zur Verfügung, aber manchmal weiß ich, daß ich die Transformation in Einzelheiten durchführen könnte, und ich *muß* es tun, oder muß eben - Motivation vorausgesetzt - die feinere Struktur zu *konstruieren* versuchen, wenn in irgendeiner Situation das durch die Form manipulierte globale Zeichen "schief" zu liegen kommt.[25]

Das Interessanteste ist natürlich der eigentliche Vorgang der Strukturkonstruktion. In der Selbstbeobachtung hat man offenbar nicht viel mehr als den Eindruck eines Verspleißens relativ einfacher Komponenten, oft angeleitet, wenn ich mich nicht irre, durch eine Art von Übereinanderprojektion von Zeichen durch zwei Strukturen, die eine Komponente gemeinsam haben. Manchmal empfinde ich meine Ansätze als ein "Verbiegen" von Bestandteilen, welches die Maschine nicht selten vorübergehend funktionsuntüchtig macht; die Form "halluziniert" einen Übergang, bis ich einen Projektor gefunden habe, der den Schwindel legalisiert. Hier liegen zweifellos weitere gedankliche und technische Schwierigkeiten.

Wäre einmal ein lauffähiger Organismus mit den beschriebenen Eigenschaften zusammengebaut, so wäre freilich niemand gezwungen, ihn als ein Paradigma des "Verstehens" zu akzeptieren. In der Zwischenzeit kann ich immerhin so etwas wie eine Spezifikation für ein Verstehens-"Verfahren" angeben. In der Metapher sage ich nämlich: Der Organismus *versteht* eine Zeichenkette klar, wenn ein Modell - eine unter bestimmten Bedingungen (Wiener *1988*) selbstgebaute Struktur - mit ihr in Eingriff steht (ich habe aber nicht prinzipiell etwas dagegen, wenn auch angeborene Strukturen als jeweilige Zentralaspekte eines jeweiligen Verstehens gelten sollen). Aus dem Gesagten geht hervor, daß für mich nicht schon überhaupt jede Turingmaschine (geschweige denn bloße Abbildungen, und seien sie auch isomorph) ein "Verständnis" der von ihr akzeptierten oder erzeugten Zeichenketten ist. Ich rede von "Verstehen" nur, wenn der gesamte geschilderte Apparat vorhanden ist.

Wenn ich mich nun diverser Kritik an den Bestrebungen Richtung Computerintelligenz zuwende, so kann ich mich auf keinen anderen zeitgenössischen Forschungsbereich besinnen, den Kritiker so beflissen durch Undurchführbarkeitsbeweise abtun wollen. Beweise, als solche, müßten aus einem formalen oder zumindest formalisierbaren System kommen, und dieses System müßte, im Fall KI, eine Beschreibung des Denkens oder der Intelligenz enthalten - es müßte klargemacht werden, *was* unmöglich ist, und daß dieses Unmögliche gerade das ist, was man "Denken" nennen muß. Die Stilperiode "Das Gehirn kann sich nicht selbst erkennen weil es dazu je umfassender sein müßte als es ist!" und ähnlicher Gründe ex absurdo gehört ja wohl der Vergangenheit an, aber noch ist die Einsicht nicht Allgemeingut, daß man, auch nur für einen Anschein von Sinn in derartigen Argumenten, weit mehr über "Erkenntnis" oder "Verstehen" sagen müßte als die Philosophen bisher greifbar haben. Die KI-Forschung ist zu allererst ein Versuch, diesen Mißstand zu beheben.

Turing hat in seinem berühmten Aufsatz (*1950*; dazu vielleicht Moor *1976*, auch etwa Hofstadter *1981*) quasi den umgekehrten Weg beschritten. Er ersetzt die seines Erachtens inhaltsleere Frage "Kann es Maschinen geben, die denken?" durch eine andere, die ich formuliere als: "Kann ein digitaler Computer so programmiert werden, daß ein mit ihm in Kontakt tretender Mensch, der nicht weiß daß er sich mit einem Computer unterhält, zu der Auffassung kommen muß, sein Gesprächspartner denke?". Zur Untersuchung dieser Frage schlägt er einen Test vor: in einem abgeschlossenen Raum sitzt ein Mensch vor einem Terminal, und in einem anderen abgeschlossenen Raum steht der entsprechend programmierte Computer; beide sind mit einem weiteren Terminal in einem dritten Raum verbunden. Letztere Station wird mit Testern besetzt, die über die Tastatur die beiden anderen Stationen beliebig ansprechen können. Die Tester sollen innerhalb einer bestimmten Zeit, einzig auf ihre Interpretationen der auf ihrem Terminal erscheinenden Antwortzeichen gestützt, entscheiden, welcher der beiden Anschlüsse mit dem Computer verbunden ist.[26]

Turing sagt für das Jahr 2000 Programme voraus, die eine richtige Zuordnung sehr erschweren würden. Diese Situation werde den Wortgebrauch und die "allgemeine wohlinformierte Meinung" derart verändern, daß man von denkenden Maschinen werde sprechen können, ohne Widerspruch erwarten zu müssen.

Ich will nicht nocheinmal (Wiener *1984*) versuchen, in die Feinheiten dieses letzten Satzes einzudringen. Hier nur soviel: entweder meint Turing, daß alle Bemühung vergeblich ist, das, was füglich mit "denken" bezeichnet werden kann, strukturell scharf zu charakterisieren; oder man muß seinen Vorschlag so auffassen, daß das Programm die jeweils beste systematische Hypothese des Denkens verkörpern soll, um Tests der besten systematischen Gegenargumente zu ermöglichen.

Im zweiten Fall wäre Turings Test natürlich nur ein Gleichnis. Immerhin könnte man es zu einer wissenschaftlichen, wenn auch kuriosen Praxis ausgestalten - man darf ja hoffen, daß jede konsistente Entlarvung des Programms zu stärkeren Hypothesen führt: jedes systematische Argument kann in das Programm integriert werden.[27] Mir scheint aber, daß Turing das erstere Verständnis vorzog und seinen Test einfach als ein hinreichendes Kriterium für das Zuschreiben von "Denken" verstand. Das geht aus seiner Bemerkung hervor, die Bedingungen des Tests benachteiligten *das Programm*: "Könnten Maschinen nicht etwas tun, das als Denken bezeichnet werden müßte, aber völlig verschieden von dem ist, was ein Mensch tut?" - also etwa: spielt ein heutiges Schachprogramm denn nicht Schach? Sollte ein

Mensch versuchen, als Computer aufzutreten, würde er sich entlarven, sobald es zum Beispiel um Aufgaben geht die eine große Rechenkapazität verlangen. Entsprechend: Löste ein Computer eine Aufgabe in Verfahren, die nicht als die menschliche Vorgangsweise gelten können - müßte es nicht stets ein Kriterium geben, das seine Computerhaftigkeit bloßstellen würde, sodaß ihm die Qualität "Denken" abgesprochen bliebe? Turings Antwort kennzeichnet seine durchaus behavioristische Einstellung: "Wenn nichtsdestoweniger eine Maschine konstruiert werden kann, die das Imitationsspiel zufriedenstellend absolviert, so brauchen wir uns um diesen Einwand nicht zu bekümmern."

Einer derartigen Absicht genügt eine nicht näher zu definierende, eben "gefühlte" funktionale Äquivalenz auf der Ebene der Bildschirmzeichen. Analysen des Programms selbst auf etwaige strukturale Ähnlichkeiten mit dem menschlichen Denken können da natürlich nicht gestattet werden. Das ist nun wieder eine Benachteiligung *der Tester*: in jedem Detail müßte jene fundamentale Eigenschaft des menschlichen Denkens ausgeschaltet werden, die darin besteht, in allen als solche wahrgenommenen Gesprächssituationen die neugefundenen Zusammenhänge der Mitteilungsabsicht des vermeintlichen Gesprächspartners zu unterstellen ("Haben Sie das so-und-so gemeint?" - "Nein ..." - "Dann können Sie nur Das-und-das meinen ...!" - "So ähnlich, mein lieber Tester!"). Der Nachteil des Testers ist es, daß er "instinktiv" sein eigenes Denken für das Denken seines Gegenübers hält. Ich habe dargetan, daß und warum ich mein "Gefühl für Zusammenhänge" für eine notwendige Erscheinung jeder Intelligenz halte, aber da ich bis auf weiteres nur über Zeichen kommunizieren kann, ist es mir nicht *effektiv* möglich, mein mir kompliziert erscheinendes Gegenüber auf eventuelle Flachheit abzuklopfen. Und man sieht, daß man unfaire Tricks der Programmierer eigentlich erst ausschließen kann, wenn man die Theorie des Denkens schon hat: einem sehr starken Programm wird man nicht verwehren wollen, sich in die Denkweise des Testers "einzufühlen" und jene Kunstgriffe anzuwenden, die wir selber im Gespräch gebrauchen um zu bekehren oder zu täuschen.

Wenn man jede emotionale oder irgendwie unklare Beeinflussung der Tester ausgeschlossen hätte, blieben vielleicht noch Merkmale wie Originalität übrig. Woran erkennt man das Genie eines Denkers? Der Tester kann nicht sicher sein, daß ein "tiefer" Zusammenhang, den er noch nie gedacht hat und den er in seinem Dafürhalten auch nie gedacht hätte, nicht aus einer ganz einfachen Wendung eines Mechanismus zutagetritt, den er selbst schon längst besitzt. Und das ständige Hervorquellen unerhörter Theoreme komplett mit verbalen Erläuterungen, die der Tester nur als grandiose Einsichten in einem überwältigenden Theorierahmen auffassen kann, würde ihn vielleicht - einen höheren Stand der KI-Forschung vorausgesetzt - gerade auf den *Computer* als Gesprächspartner tippen lassen.

In dieser Interpretation scheint mir Turings Test also nicht befriedigend, aber der Rang dieses Vorschlags erweist sich in der Schwierigkeit, bessere Kriterien anzugeben. *Beweise* wären, wie gesagt, nur im Rahmen einer mathematischen Erkenntnistheorie zu haben, aber der Umstand wird immer mit uns bleiben, daß das Akzeptieren dieser Theorie als Beschreibung des Denkens schlechthin nur *Überzeugung* sein kann. Daran änderte sich unter den heutigen Umständen wenig, wenn man über das Terminal im Test hinaus die Maschine zu inspizieren verlangte und nach strukturalen Äquivalenzen in Soft- und Hardware Ausschau halten wollte. Denn - beim heutigen Stand der Gehirnforschung - strukturale Äquivalenz wozu? Sind nicht einige KI-Pioniere heute schon davon überzeugt, daß ihr Gehirn genau so wie ihre Programme aufgebaut ist? Und gibt es neben dem Ehrgeiz des Erfinders nicht auch noch eine - offenbar in unserer Zeit sich erstmals artikulierende (beispielsweise

McCorduck *1988*) - veritable Sehnsucht, schon die einfache Maschine als den Geist zu sehen?

Ich habe versucht, eine *Leistung* zu charakterisieren, die eine Maschine bringen müßte, damit ich begänne, ihr Intelligenz zuzusprechen: die Faltung von Zeichenketten unter Nebenbedingungen. Aber in Turings Test wäre auch das kein verläßliches Kriterium. Erstens gelingt, wie gesagt, auch Menschen die Faltung nicht immer, und zweitens ist der Schwierigkeitsgrad derartiger Aufgaben für Menschen - und für Maschinen - nicht effektiv festzustellen.[28] Deswegen bin ich noch einen Schritt weiter gegangen, und habe doch so etwas wie eine *strukturale Kennzeichnung* meines eigenen Denkens versucht. Weiter weiß ich nicht - wenn man mir eine Maschine zeigt, die erkennbar in Vorgängen operiert wie ich sie in meiner Introspektion finde, dann werde ich mich eben zu der Meinung bequemen, sie denke wie ich.

Zur Argumentation gegen die Mechanisierbarkeit des Denkens *aus dem formalen Begriff der Maschine* gibt es meines Wissens bisher nur den Ausgangspunkt des Gödelschen Unvollständigkeitssatzes und verwandter Ergebnisse. Mehr Variation kommt aus traditionellen philosophischen Versuchen, irgend etwas Menschliches zu definieren, das in den Vorstellungskreis "Maschine" überhaupt nicht paßt. Das Problem ist immer, zu zeigen, daß solche Eigenschaften einen *Einfluß auf die Leistung der Intelligenz haben müssen* (bei den Sinnesmodalitäten zum Beispiel, wie schwierig sie auch qua Modalitäten zu erklären sein mögen, ist das bisher nicht gelungen). Die Stärke von Turings Vorschlag liegt ja gerade hier: er hebt auf *Leistung* ab, wie sie von Menschen fairerweise verlangt werden kann.

Der Formalist sagt: Das berühmte Ergebnis Gödels (*1931*), nämlich der Satz "Wenn eine arithmetische Logik konsistent und adäquat ist, so ist sie nicht vollständig", ist ein *Theorem* der jeweils verwendeten Logik, und kommt daher unter den rekursiv aufzählbaren Theoremen dieser Logik vor: jeder entsprechend programmierte Computer kann also diesen Satz in einer vorgegebenen genügend starken Logik "mechanisch" ableiten. Wäre dem nicht so, dann könnte der Satz ja garnicht als bewiesen gelten!

Irrelevanter Vorstoß! sagt der Humanist; die wesentliche Konsequenz dieses Satzes ist doch, daß *kein* konsistentes und genügend starkes formales System vollständig ist; "diese Logik sagt damit zwar alles über ein unüberwindliches Scheitern jeder Maschine, aber doch schlechterdings nichts über den (Menschen-)Geist" (Dotzler *1989*, 131).

Der Formalist sagt: Genauer betrachtet hat Gödel ein effektives Verfahren zur Konstruktion eines unableitbaren Satzes für jedes konsistente und genügend starke System angegeben; demnach kann für jedes derartige System ein solcher Satz ganz mechanisch, das heißt eben: durch eine Maschine, hergestellt werden. "Aus der Behauptung 'Ich kann für jede gegebene Maschine eine Beschränktheit finden' folgt keineswegs, daß ich keine Maschine bin!" (Webb *1980*, 231.)

Letzteren Satz zugegeben, sage ich; aber hat es denn dieses Verfahren und diese seine Anwendung vor Gödel auch schon gegeben? Wir möchten ein Verfahren beschreiben, das zur Lösung vorgelegter ungelöster Probleme wenigstens, in irgendeinem vertretbaren Sinn, *zielstrebig versucht, neue Verfahren zu erzeugen* - wenn es diese effektiven Verfahren auch nicht in effektiver Weise hervorbringen kann. Wir fragen hier nicht nach der Umsetzung schon bekannter Verfahren in Mechanismen.

Da fehlt aber immer noch etwas! sagt der Humanist. Gödel hat ja außerdem noch einen konkreten Satz G angegeben, so, daß zwar weder G noch die Negation -G im System ableitbar sind, aber *Menschen* können erkennen, daß G *wahr*, und daß -G *falsch* ist. Also ist G ein Beispiel für "eine Behauptung, von der wir, durch Gebrauch von Einsicht, *sehen* können, daß sie tatsächlich *wahr* sein muß, während der gegebene Algorithmus uns das nicht sagen kann" (Penrose *1989*, 118).

Man begegnet diesem Argument (vgl. Lucas *1961*) immer wieder: "Es bedeutet, daß die Ressourcen des menschlichen Intellekts nicht formalisiert worden sind, und daß sie es nie sein werden" (Nagel und Newman *1959*, 101). Aber genauso oft findet man die gegenteilige Ansicht vor. "Nagel und Newman sind beeindruckt von der Tatsache, daß es für jede einem Computer gegebene Menge von Axiomen und Ableitungen offenbar stets mathematische Wahrheiten - wie etwa G - geben wird, die der Computer durch Anwendung dieser Ableitungsregeln auf diese Axiome nicht 'erreichen' kann. Das ist richtig, aber ihre Annahme daß wir glauben dürfen, wir hätten der Maschine mit diesen Axiomen und Ableitungsregeln eine adäquate Vorstellung von der mathematischen Wahrheit gegeben, ist nicht richtig. ... wenn wir die Wahrheit der unbeweisbaren Formel erkennen können, indem wir das, was sie sagt, vergleichen mit dem, von dem wir wissen daß es der Fall ist, so kann ein Computer das Gleiche tun" (Scriven *1960*, 125).

Gödel selbst nährt die humanistische Skepsis, wenn er feststellt, daß Menschen Beweiseinsichten aus solchen Eigenschaften von Beweisen ziehen können, "die sich nicht aus den kombinatorischen (raumzeitlichen) Eigenschaften der diese Beweise darstellenden Zeichenkombinationen, sondern nur aus deren *Sinn* ergeben" (*1958*, 280) - aber der in der Metapher aufgebaute Mechanismus kann das eben auch![29] Turing erwähnt

(*1950*) einen einschlägigen Fall, in welchem der Computer des Imitationsspiels seiner Meinung nach versagen müßte. Lege man nämlich dem Computer ein Programm vor, das in einer bestimmten relativ einfachen Beziehung zu dem Computerprogramm selbst steht, so könne bewiesen werden, daß die Antwort des Computers auf die Frage: "Wird dieses Programm je irgendeine Frage mit 'Ja' beantworten?" entweder falsch ist oder überhaupt nicht kommen wird. Wir wissen, schreibt Turing, daß die Antwort des Computers, wenn sie überhaupt kommt, falsch sein muß. Wenn nun zwar, setzt er fort, die Unfähigkeit des Computers in diesem Punkt feststehe, so sei jedoch die Behauptung unbewiesen, daß Menschen vergleichbaren Beschränktheiten nicht unterliegen. Turing betrachtet den "Computer" zweifellos als einen flachen Formalismus, und gibt in seiner Bemerkung zu bedenken, daß Menschen auch so etwas sein könnten. Aber "Ernsthaftigkeit" (Motivation, auf bloßes Tippen zu verzichten) vorausgesetzt, wird bei unserem Organismus aus Mechanismen erstens eine Antwort fast stets kommen, zweitens wird sie nicht selten stimmen, und - drittens - falls sie falsch ist, so wird sie das aus anderen Gründen sein als Turing im Auge hatte. Diese Leistung ist möglich, weil die Vorlage des Testprogramms, als Eingriff der Umwelt, den Organismus verändert.

Turings Bemerkung enthält eine schnöde Antwort auf die humanistischen Einwände. Wir können nämlich immer annehmen, daß sich die menschliche Intelligenz als ein flacher Formalismus darstellen läßt, wenn wir ihn nur genügend umfangreich vorstellen. Für den vorliegenden Fall müssen wir zunächst bloß verlangen, daß sein Vorrat von Axiomen und Ableitungsregeln so groß ist, daß sich Gödels Ergebnisse sämtlich flach formal ableiten lassen (zum Beispiel "wußte" der bisher mit ganz anderen Ableitungen "beschäftigte" Formalismus noch nicht, daß G als Axiom vorhanden war). Damit bleibt das Argument so lange erledigt, bis sich - möglicherweise - auf Grund neuer

Entwicklungen herausstellt, daß dieser Formalismus bisher verborgene unerwünschte Komponenten enthält. Wie viele solche Offenbarungen des Formalismus werden bis zum Ende der Geschichte nötig sein, um mit der Entwicklung des menschlichen Wissens Schritt zu halten? Die Entwicklung geht sehr sehr langsam voran und besteht in der Masse, ungeachtet allen Jubelns über die "Explosion des Wissens", aus der Suche nach Anwendungen für einige wenige relativ einfache Theoreme.

Diese Theoreme werden jedoch über Strukturen gefunden und als Formen angewandt, und unsere Metapher bietet eine Alternative. Nichts in der Selbstbeobachtung oder in unserem Wissen von den Gehirnvorgängen deutet darauf hin, daß das Unbewußte ein Aufzählmechanismus oder ein Suchbaum ist - solche Maschinen scheinen ausschließlich Produkte des Bewußtseins zu sein. Der menschliche Organismus wächst ohne systematische Aufzählung von Turingmaschinen, und zwar sowohl vorgezeichnet durch seine Grundstrukturen als auch gesteuert durch die Interaktion mit der Außenwelt und durch die in dieser Interaktion bewirkten Mutationen. Ich hoffe (und weiß nicht genau warum), daß unsere Erbausstattung die geistige Entwicklung nur in den beiden Hinsichten determiniert, die schon in der Selbstbeobachtung zutage treten: erstens eben, und fundamentalerweise, daß unsere Einsichten Turingmaschinen sein müssen; und zweitens, in praktischer Hinsicht, daß die Entwicklung unserer Einsichten stark zugunsten bestimmter Arten von Strukturen gewichtet ist.[30] Insofern das nur eine *Gewichtung* oder Kalibrierung ist, haben wir - anders als jeder noch so umfangreiche abgeschlossene Algorithmus - potentiell das gesamte unendliche Feld.

Was unsere Einsichten als Turingmaschinen angeht, so gibt es im Universum vielleicht Prozesse, die wir als gesetzmäßig aufzufassen geneigt wären, aber prinzipiell nicht in Turingmaschinenform beschreiben können. Wir könnten sie nicht *verstehen*, sondern bestenfalls versuchen, sie uns irgendwie (in der Art von Blindgängern) zunutze zu machen. Gödels Ergebnis läßt ahnen, wie solche Vorgänge auf uns wirken würden. Der abstrakte Kern des Gödelschen Satzes ist nämlich die Behauptung, daß rekursiv aufzählbare Mengen existieren, die nicht rekursiv sind, und daß es folglich Mengen gibt, die man nicht einmal rekursiv aufzählen kann, obwohl sie in irgendeinem Sinn wohldefiniert sind.

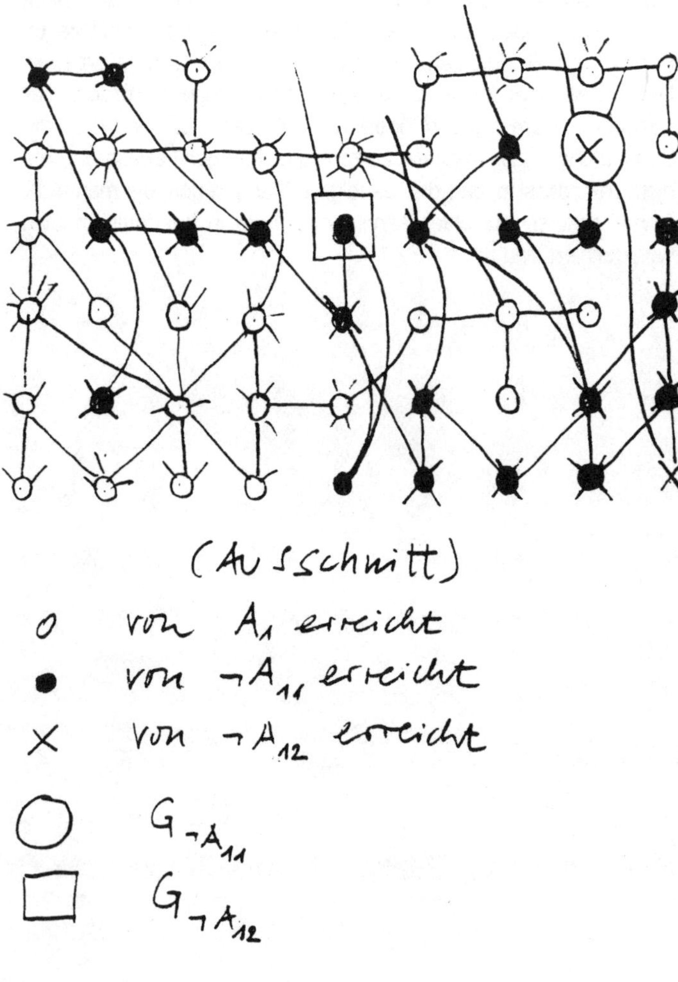
(Ausschnitt)
von A_1 erreicht
von $\neg A_{11}$ erreicht
von $\neg A_{12}$ erreicht
$G_{\neg A_{11}}$
$G_{\neg A_{12}}$

Figur 11

Das heißt: es gibt Mengen von wohlgeformten Zeichenketten, die von dahin bestimmten Maschinen A_i erzeugt etc. werden, daß es keine Maschinen $-A_{ij}$ gibt, die das jeweilige Komplement (in der Menge aller wohlgeformten Zeichenketten) erzeugen etc. (für die "Wohlgeformtheit" gibt es dabei stets eine charakteristische Funktion, die natürlich als Turingmaschine aufgewiesen werden kann). Man kann ohne allzu großen Aufwand konkrete Beispiele angeben (s. etwa Arbib *1964*, 22f. - ich habe ja auch schon einige flüchtig genannt). Das Komplement kann nur blindgängermäßig als jener Teil der Obermenge charakterisiert werden, der in Bezug auf die erzeugte Menge "übrigbleibt": dieser Teil *läßt sich nicht vollständig falten*. In der mathematischen Redeweise bedeutet das, daß für die von einem solchen A erzeugte Menge keine charakteristische Funktion existiert, sondern eben nur erzeugende und akzeptierende Strukturen. Es kann nur solche Strukturen $-A_{ij}$ geben, die jeweils *einen Teil* des Komplements erzeugen, und man kann eben - im Prinzip - für jede derartige Struktur ein Element G des Komplements angeben, das von ihr nicht erzeugt werden kann.

Die Lage ist also bezüglich der möglichen "klaren Verständnisse" solcher Mengen eindeutig, aber noch nicht hinsichtlich der empirischen Physik: gibt es *Vorgänge* in der Natur, welche solche Komplemente "erzeugen"? Bejahendenfalls (aber wie langt man bei einer Bejahung an?) könnte sich für die Erkenntnistheorie die Frage erheben, ob solche Vorgänge, etwa als Gehirnvorgänge, beim Zustandekommen von menschlichen Einsichten eine Rolle spielen. Unsere Metapher ist nach dieser Seite hin noch offen, denn fest steht nur, daß unsere klaren Einsichten Turingmaschinen sind. Umsicht, auf Empirie angewiesen, wird heute nicht völlig ausschließen, daß an ihrer Entstehung prinzipiell undurchschaubare Prozesse beteiligt sein könnten - diese Möglichkeit ernsthaft zu argumentieren bedarf freilich anderer als wissenschaftlicher Motive.

Um das vorliegende Argument abzuschließen: der Humanist hat *in Bezug auf flache Formalismen* recht, und es ist auch für mich irgendwie erfreulich, daß Menschen keine Maschinen im Sinn der *abgeschlossenen Turingmaschine* sind. Aber sind sie etwas anderes als Maschinen? Meine Antwort: Sie sind Maschinen im Sinne der Turingmaschine, die man als Komponenten eines umfassenderen Systems aus solchen Maschinen (eines "Orakels": des Universums) aufzufassen hat. - Das scheint von der humanistischen Freude nur mehr den Genuß der Einsicht übrigzulassen.

Wenn man sagt, Gödel führe den Beweis "formal", so meint man damit nicht, daß das tatsächlich in elementaren logischen Schritten geschehen sei (dafür wäre eine ungeheure, in ein dickes Buch mündende Anstrengung erforderlich). Der Beweis wird mit Hilfe von Formen geführt, von denen feststeht, daß sie expandiert werden können - in der Tat ist der Originalbeweis auch so noch ziemlich lang, weil Gödel diese Möglichkeit beweisen mußte. Umgangssprachlich ausgedrückt heißt das eben, daß er sich des "Sinns" der Zeichenkombinationen bedient hat; in der Metapher heißt das, daß er bestimmte Strukturen im Bereich der Natürlichen Zahlen, und in weiteren Schritten dann Strukturen des Outputs dieser Strukturen konstruiert hat. Solche Regelmäßigkeiten können zum Beispiel die Form haben "Wenn eine Zeichenkette von der Turingmaschine A akzeptiert wird, dann wird sie auch von der Turingmaschine B akzeptiert" (wobei A und B sonst nichts miteinander gemein haben müssen - ich meine eben, daß solche und vergleichbare Prozesse die schöpferische Mathematik konstituieren). Wenn derartige Regelmäßigkeiten zu Formen komprimiert sind, kann man von dem Input in eine Form von A in einem Siebenmeilenschritt zum Output einer Form von B übergehen. Gödel springt nun zwischen der Maschine der von ihm verwendeten Logik und der von ihm konstruierten Struktur der Natürlichen Zahlen hin und her, und expandiert seine Formen nur an ganz bestimmten entscheidenden Stellen. Wir können ihm folgen, sobald wir uns seine Maschinen angeeignet haben, und jedes im Beweis verwendete *Zeichen* hat alsbald *Bedeutungen*, die durch diese Maschinen gewährleistet werden.[31]

Ein flacher Formalismus hat aber nur seine Ableitungsregeln als Strukturen. Es müssen ihm Alphabete, Operatoren auf diesen Alphabeten, sowie eine zielführende Heuristik derart mitgegeben werden, daß das Ineinanderwirken der Maschinen in Gödels Kopf auf Zeichenketten projiziert werden kann. Dazu ist natürlich wiederum erhebliche Ingenuität notwendig, aber es ist eben möglich. Der fertige Formalismus kann alle Ergebnisse Gödels reproduzieren (wenn auch die Interpretation der Ergebnisse wieder einen Organismus erfordert). Man halte sich vor Augen, daß in einem solchen flachen Formalismus der Satz G *ableitbar* ist, und zwar ohne Vorgabe von G in den Axiomen. Und auch -G ist ableitbar! Das ist kein Paradox, denn das Zeichen "-" hat nur in einem seiner Untersysteme aus Axiomen und Ableitungsregeln, und auch nur für intelligente Beobachter, die 'Bedeutung' "nicht". Der Formalismus kann weiters feststellen, daß G und -G aus dieser Untermenge allein nicht ableitbar sind. Er kann schließlich auch die "Wahrheit" von G und die "Falschheit" von -G feststellen, indem er die beiden Zeichenketten als Theoreme des Gesamtsystems behandelt, von denen das eine in einem Untersystem eine bestimmte Entsprechung findet, das andere hingegen nicht.

Was kann dieser Formalismus *nicht*? Nun, offensichtlich kann er keine Zeichenkette ableiten, die in ihm nicht ableitbar ist! Es ist nämlich zwar das Cantorsche Diagonalverfahren ohne weiteres mechanisierbar, nicht aber die Aufzählung von Mengen, auf die es in einer je gegebenen Hinsicht sinnvoll anzuwenden wäre. Das formalistische Argument, ich könne ja schließlich auch keine Zeichenkette hervorbringen, die ich nicht hervorbringen kann, ist zwar richtig, greift indessen im Vergleich zwischen mir und einem flachen Formalismus daneben. Denn ich habe die begründete Hoffnung, zu immer höheren Typen aufsteigen zu können (wie Emil Post - *1965*, 423 - das ausdrückt), und bringe morgen Zeichenketten hervor, die ich heute noch nicht erzeugen *kann*.

Schließlich: An sich "behauptet" G überhaupt nichts, weil Sätze nichts behaupten. Wir erkennen, daß G "wahr" ist, weil sich G als ein Name einer Struktur herausstellt, welche wir beim Aufbau des Beweises verwendet hatten. Der Beweis zeigt ferner, daß formal weder G noch -G im Widerspruch zu den Ausgangsaxiomen stehen. Man kann also auch -G als weiteres Axiom postulieren. Der Satz von Löwenheim (s. etwa Goodstein *1963*) - ebenfalls eine der tiefsten Einsichten der bisherigen Erkenntnistheorie - läßt erkennen, daß auch die damit entstandene Menge von Axiomen ein Modell in den Natürlichen Zahlen hat (umgangssprachlich: wir denken immer nur über Strukturen der Natürlichen Zahlen nach).[32] Die Peanoschen Axiome behalten in dieser Struktur ihre Gültigkeit, haben aber eine andere - "unnatürliche" - Interpretation (z.B. ist die Nachfolger-Funktion nicht einfach durch "+1" zu implementieren). Benützt man nun diese Struktur als Modell der alten Axiome, natürlich ohne den Satz -G oder ein äquivalentes Theorem mit aufzunehmen, so ist bei einer geeigneten Gödelisierung wiederum, durch "inhaltliche" Erwägungen, das Gödelsche Ergebnis zu erreichen, aber diesmal ist eben -G "wahr" und G "falsch". Man sieht also, daß, wie "Bedeutung" etc., auch "Wahrheit" eine Eigenschaft der *Laufumgebung* ist.

Ding-an-sich und Formalismus

Der amerikanische Philosoph Hubert Dreyfus hat die Behauptung einiger Vertreter der sogenannten Symbolverarbeitungs-KI überzeugend zurückgewiesen, in ihrer Theorie und in ihren Programmen das Wesen der menschlichen Intelligenz erfaßt zu haben (Dreyfus *1979*). Daß die kritisierten Intelligenz-Ingenieure ihren Anspruch ohne große Diskussion weiter aufrecht halten, braucht uns hier nicht zu beschäftigen. Hingegen scheint mir interessant, daß es Dreyfus genauso wenig gelingt, seine Kritik zu erweitern, wie es diesen Forschern gelungen ist, ihre Entwürfe allgemeiner fruchtbar zu machen. Er möchte ein für allemal zeigen, daß Künstliche Intelligenz auf der Grundlage formaler Beschreibungen unmöglich ist, aber da er sich immer stärker auf unklare Voraussetzungen stützt, je weiter er über die ihm bekannten Programme hinauszielt, muß auch die Diskussion mit ihm immer wolkiger werden (ein Fakt übrigens, der für Turings Vorschlag spricht). Es ist also eher zur Illustration, daß ich einen typischen Komplex (189f.) herausgreife.

Nach Dreyfus arbeitet die KI-Forschung unter anderen mit den erkenntnistheoretischen Annahmen, "(a) daß jedes nicht zufällige (nonarbitrary) Verhalten formalisiert werden kann, und (b) daß der Formalismus dazu benützt werden kann, das in Frage stehende Verhalten zu reproduzieren" (190). Beide Annahmen hält er für falsch. Daß jedes nicht-zufällige Verhalten formalisiert werden kann, scheint nun auf den ersten Blick tautologisch, da man ja den Begriff der Formalisierbarkeit dazu benützt, den Begriff "Zufall" ex negativo zu definieren. Aber nur was klar verstanden ist, kann formalisiert werden (oder ist es eben schon, je nach Redeweise). Statt die Annahme (a) pauschal zu bekämpfen, hätte Dreyfus fragen sollen: Was ist es, das zu einem bestimmten historischen Zeitpunkt als das Nicht-zufällige im intelligenten Verhalten erkannt wird? Sollen das - typisch für den Behaviorismus - bestimmte Input-Output-Beziehungen sein, so muß die Beschreibung flach bleiben, sie überspringt die beteiligten Strukturen, sie kann vielleicht viele vergangene Vorkommnisse decken, aber ihre Vorhersagekraft ist gering.

In einem Abschnitt ("*The argument from informality of behaviour*") von Turing *1950*, auf den sich Dreyfus bezieht (siehe unten), wird eine Art Pseudo-Zufallsgenerator erwähnt - "ein kleines Programm (...), über welches die Maschine auf die Eingabe einer sechzehnstelligen Zahl innerhalb von zwei Sekunden mit der Ausgabe einer anderen antwortet"; Turing fordert jedermann heraus, "aus diesen Antworten Schlüsse zu ziehen, die hinreichen würden, die Antworten auf neue Eingaben vorherzusagen". Die Feststellung, daß es uns nicht gelingen *muß*, eine Struktur zu konstruieren, selbst wenn wir wissen, daß eine solche vorhanden ist, ist natürlich nicht mit der Aussage zu verwechseln, daß Erfolg unmöglich ist. Sie kann uns auch dort nicht aufhalten, wo wir noch nicht einmal sicher sein dürfen, daß unsere Kapazität die Vorgänge strukturieren kann (aber ganz ohne Anhaltspunkte suchen wir ja kaum je). Während nun Turing schreibt: "... wir können uns nicht so leicht vom Nichtvorhandensein vollständiger Gesetze des Verhaltens (laws of behaviour) überzeugen wie (von dem Fehlen) vollständiger Regeln für konkrete Fälle (rules of conduct). Der einzige bekannte Weg, derartige Gesetze aufzufinden, ist wissenschaftliche Beobachtung, und sicherlich kennen wir keine Umstände, die uns zu sagen gestatteten 'Wir haben genug geforscht. Es gibt keine solchen Gesetze'", meint Dreyfus bezeichnenderweise: "Warum sollten wir 'uns von der *Abwesenheit* vollständiger Gesetze des Verhaltens überzeugen' müssen, und nicht von ihrem Vorhandensein?" (193) - Paraphrase: Die Annahme liegt doch viel näher, daß es hier um kleine Inseln der Regelmäßigkeit im Chaos geht! Nun: Man muß uns von der Anwesenheit *jeweils ganz bestimmter* Gesetze überzeugen, aber von der Abwesenheit von Gesetzlichkeit schlechthin, oder auch nur "einfacher" Gesetze, *können* wir uns nicht rational überzeugen; wir müssen uns freilich ständig fragen, nach welcher Art von Gesetzen wir zu einem bestimmten Zeitpunkt - unter der Vorherrschaft bestimmter Modelle - sinnvoll suchen können. Und daß wir nach "Gesetzen des intelligenten Verhaltens" suchen, kommt daher, daß wir an unserem eigenen Verhalten eben Regelmäßigkeiten bemerken.

Es sind gerade jene Vorgänge formalisierbar, die als nicht-zufällig festgestellt werden, doch wächst selbstverständlich die Aufgabe mit der Komplikation des zu beschreibenden Systems. Nicht-zufälliges Verhalten des menschlichen Geistes beruht, Dreyfus zufolge, auf einem dynamischen System, dessen Input dem physikalischen, und dessen Output dem phänomenologischen Niveau des Denkens entspricht: "So wie das Gehirn, wenigstens zum Teil, ein analoger Computer zu sein scheint, so mag auch der Geist in der Reaktion auf 'Felder', 'Kraft', 'Konfigurationen' undsoweiter bei seinen Gedanken und Wahrnehmungen ankommen, wie es, soweit unser Denken der phänomenologischen Beschreibung zugänglich ist, offenbar in der Tat geschieht" (166). Nun könne zwar der physikalische Aufbau dieser Maschine - das heißt das ganze Gehirn als physikalisches System - im Prinzip formal simuliert werden, doch sei dies in der Praxis völlig ausgeschlossen (196). Jede gröbere Simulation aber müsse notwendig die "Information" verfehlen, welche phänomenologisch als Gedanken, Wahrnehmungen etc. erscheint. Das kann nur heißen: die Regelmäßigkeiten, die in der Selbstbeobachtung erscheinen, und die wir denn auch mit Worten belegen können und zum Beipiel als Mathematik formulieren, sind gewissermaßen nur Quasi-Regelmäßigkeiten - sie sind "nicht-zufällig", denn sie sind Produkte der "echten" Regelmäßigkeiten im Mikrobereich, in Energieströmen, molekularen Reaktionen usw. Der mikrophysikalische Apparat des

Gehirns ist aber schon auf der atomaren oder molekularen Ebene derart vermascht, daß Modularisierung unmöglich ist.

Aber kann es dem Geist denn auf das einzelne Teilchen ankommen? Bewegen sich die Moleküle im Gehirn auf Bahnen, die auch das beste Wissen nicht vorhersagen kann? Hat es Sinn, mit den Schätzungen Bremermans zu drohen (196-197) und Größenordnungen von zehn hoch siebenundvierzig Baud für relevant zu halten?

Oder ist immerhin eine total vermaschte neuronale Ebene das Mindeste für erfolgreiche Simulation? Können wir denn nicht schon heute die Feinstruktur des Gehirns zu funktionalen Einheiten modularisieren? Wie könnte ein nicht modularisierbares System die evidente Strukturiertheit des bewußten Denkens erklären? Wie könnte es auch nur die Verläßlichkeit meiner Wahrnehmung und meiner Bewegungen garantieren?

Es war die Erfahrung, daß sich komplizierte Naturvorgänge als Folgeerscheinungen einfacherer Prinzipien erklären lassen, die bisher Wissenschaft ermöglicht hat. Nun hält zwar die zeitgenössische Physik die Möglichkeit offen, daß dieses Prinzip nicht auf allen Ebenen der Natur vorherrsche, und vielleicht ist Dreyfus nur einen Schritt von der Hypothese des englischen Mathematikers Roger Penrose entfernt, der in der Tat das Bewußtsein durch Quanteneffekte erklären will (vgl. unten). Aber alle derartigen Annahmen übersehen die eigentlich unübersehbaren Regelmäßigkeiten des menschlichen Denkens, wie sie in unserer Art zu verstehen zutage treten. Was uns in unserem Denken als Zufall erscheint, wirkt sich immer nur als Stoß auf einen vorhandenen Mechanismus aus, und da das von solchen Stössen bewirkte Umschwenken des Mechanismus genausogut eine untaugliche Einsicht sein kann wie eine tauglichere, scheint es ziemlich egal, welcher physikalischen Quelle der Zufall entstammt - das derzeit ganz vernachlässigte Studium des Irrtums und der intellektuellen Unzulänglichkeit wäre für die Intelligenz-Forschung vielleicht fruchtbarer als die Konzentration auf oberflächlichere Regelhaftigkeiten des Gelingens.

Überhaupt überschätzen Humanisten gewöhnlich die Plastizität des Denkens gewaltig, und das Bild von Dichtegradienten etc. für diese Plastizität scheint mir ganz unangebracht, weil mit dem "phänomenlogischen Niveau" der Selbstbeobachtung und den Feststellungen der behavioristischen Beobachtung unvereinbar. Wenn ich in einer Einsicht einen Sachverhalt plötzlich anders 'sehe', so erscheint er in der neuen Sicht anders *zerlegt*, nämlich wiederum in diskrete Komponenten, die wiederum in wohlbestimmten Beziehungen zueinander stehen. Es gibt kein Kontinuum zwischen der alten und der neuen Einsicht. Der Zusammenhang der beiden Zerlegungen ist nicht als Nachbarschaftsbeziehung in einer stetigen Topologie von Phasenräumen etc. zu fassen, sehr wohl aber als eine durch Turingmaschinen vermittelte Beziehung zweier Elemente in der Menge aller Turingmaschinen (auf welcher eine hier brauchbare Topologie nicht erklärt werden kann).[33] Jedenfalls sehe ich keinen Grund zu der Annahme, daß während der Konstruktion eines Modells, etwa bei Einsichten in mathematische Probleme, Entscheidungen z.B. von unüberblickbaren Stetigkeitsverhältnissen in einer konstruierenden Umgebung, oder von Gradientverläufen im denkenden Medium, oder auch nur von einer endlichen Zahl von Singularitäten abhängen sollten, deren Dynamik während der Manipulation von Randbedingungen sich nicht durch eine Turingmaschine beherrschbarer Größenordnung darstellen ließe.[34]

Neben der praktischen Unmöglichkeit einer Simulation seines unzerlegbaren immensen Systems postuliert Dreyfus auch eine theoretische. Er versucht, die prinzipielle digitale Simulierbarkeit jeder Analogmaschine derart zu verstehen, daß immer irgendetwas nicht Mitsimuliertes als Wesentliches übrig bleiben muß. Das geht nicht ohne weitere Unklarheiten ab: "Ein digitaler Computer, der im Lösen der die analoge informationsverarbeitende Maschine beschreibenden Gleichungen ihre *Funktion* simuliert, simuliert dadurch nicht schon ihre 'Informationsverarbeitung'. Er verarbeitet nicht die Information, die von der simulierten Analogmaschine verarbeitet wird, sondern *vollständig verschiedene Information*, welche die physikalischen oder chemischen Eigenschaften der Analogmaschine betreffen" usw. (195). Dazu ist erstens zu sagen, daß auch Dreyfus die - für sein Argument besonders wichtige - Erklärung des Worts "Information" schuldig bleibt (obwohl er, mit Recht, die gleiche Unterlassung in der KI-Forschung anprangert (165)). Weiter: Dreyfus denkt wohl an Fälle, in denen das Verhalten einer Maschine durch geschlossene Ausdrücke (Differentialgleichungen etc.) verkürzt dargestellt werden kann. Wenn man aber eine Maschine überhaupt durch derartige Gleichungen beschreiben kann, so erfassen sie doch gewiß den im jeweiligen Zusammenhang wesentlichen Aspekt der Input-Output-Relation - sie ermöglichen "Produktion der wesentlichen Charakteristika eines bestimmten Ablaufs (performance) ohne diesen Ablauf im Detail nachzuahmen", sind also Dreyfus zufolge "Simulation" zu nennen (330), und ich weiß nicht warum man bestreiten sollte, daß hiebei Ausgangs- und End"information" mitsimuliert sind. Zur Simulation einer Analogmaschine ist man indes nicht allein auf das Formulieren und Lösen der entsprechenden Gleichungen angewiesen. Im Gegenteil lassen sich Maschinen i.a. garnicht in analytischen Ausdrücken darstellen - man muß sie eben durch *Strukturen* emulieren, und die Gleichungen nehmen die Gestalt von Programmen an. Wenn der Morphismus adäquat ist, dann ist aber die "Informationsverarbeitung" durch die emulierende Struktur gerade nicht Simulation, sondern *die selbe* Informationsverarbeitung, was das ganze Argument auf die Frage der praktischen Durchführbarkeit zurückverweist.

Was heißt nun endlich "intelligentes Verhalten" überhaupt? Da Input und Output der Intelligenz qua Zeichenmengen nicht charakterisiert werden können, ist man darauf angewiesen, direkt nach einer Metapher für die Transformationen zu suchen, und jede vorgeschlagene Struktur wird eine Metapher bleiben, d.h. man wird letzten Endes "Intelligenz" mit Hilfe einer solchen Metapher *definieren* (und das ist wiederum der Gedanke von Turings Test; im Hinblick auf Kritik von der Dreyfusschen Ausrichtung war es vielleicht ein "Fehler" der KI-Forschung, das Wörtlein "Intelligenz" einschlüpfen zu lassen - offenbar wäre eine Maschine wie mein metaphorischer Organismus von größtem praktischen Wert auch wenn man ihr Intelligenz in jeder Hinsicht absprechen würde). In meiner Metapher baut die intelligente Maschine Strukturen für Input und Output, daher lassen sich in ihr nicht einmal die den intelligenten Kern umgebenden, In- und Output "verarbeitenden" Strukturen ein für allemal spezifizieren.

Der Ausdruck "emergentes Verhalten" scheint geeignet, diesen Aspekt zu bezeichnen, aber natürlich ist auch er verschiedenen mehr oder weniger brauchbaren Interpretationen unterworfen. Zum Beispiel gebraucht Daniel Hillis das Wort so: "Die Regeln, welche die Kräfte zwischen den Wassermolekülen steuern, scheinen viel einfacher als Kristalle oder Wirbel oder Siedepunkte, und doch sind alle diese komplexen Erscheinungen irgendwie Folgeerscheinungen dieser Regeln. Solche Erscheinungen nennt man *emergentes Verhalten* des Systems", doch merke man: "Es wäre sehr bequem, wenn Intelligenz ein emergentes Verhalten zufällig miteinander verbundener Neuronen in dem selben Sinn wäre, in welchem Schneeflocken und Wirbel emergente Verhaltensweisen von Wassermolekülen sind" (Hillis *1988*, 175). In der Tat geht Hillis' "Konnektionismus" in die von Dreyfus ertastete Richtung, aber ich halte die Konglomerat-Hypothese für ähnlich simplistisch wie die alte KI-Philosophie, die Architektur des von-Neumann-Computers für die Architektur der Intelligenz anzusehen. Für mein Argument ist von Belang, daß Dreyfus selbst auf "Emergenz" in keiner Weise eingeht und deswegen auch Turings Unterscheidung zwischen "Gesetzen des Verhaltens" und "Regeln für konkrete Fälle" mißversteht. In seiner Interpretation dieser Unterscheidung (192f.) läßt er Turing annehmen, daß es zwar nicht möglich sei, eine Menge von Regeln dafür anzugeben, was ein Mensch in jeder Lage tun *sollte*; Turing sehe aber keinen Grund zum Zweifel, daß man im Prinzip eine Menge von Regeln entdecken könnte, die beschreiben, was der Mensch tun *wird*. Dreyfus wirft die richtige Bemerkung ein, daß man die Input- und Outputmengen für einen menschlichen Organismus nicht hinreichend für die formale Korrelation charakterisieren könne, und schließt daraus, daß Turings Annahme hinfällig sei.

Turing sagt aber garnichts dergleichen. Was er im Auge hat, läßt sich in meiner Metapher ganz klar formulieren. In ihr sind die "Gesetze des Verhaltens" in den nicht-veränderlichen Komponenten jenes Mechanismus verkörpert, der, auf die Umwelt reagierend, die Modelle konstruiert, während die "Regeln für konkrete Fälle" diese Modelle selbst sind. Das emergierende äußere Verhalten ist auch hier bestenfalls statistisch zu erfassen, nichtsdestoweniger liegen ihm beschreibbare Gesetze zugrunde. Meine Introspektion läßt mich vermuten, daß für die fundamentalen Konstruktionsmechanismen nur eine begrenzte Zahl von Prinzipien erforderlich ist; der Spielraum des geistigen Geschehens beruht wohl auf der Vielfalt der erworbenen Strukturen und ihrer Einsatzmöglichkeiten (und ist eben gewiß nicht so groß, wie man intuitiv voraussetzen möchte).

Seinen Reserve-Gedanken, daß die Formalisierung eines nicht-zufälligen Verhaltens, selbst wenn man sie einmal etabliert hätte, nicht zur Reproduktion dieses Verhaltens ausreiche, belegt Dreyfus mit dem Beispiel der Chomskyschen Theorie (197f.). Er unterstreicht, daß Chomsky im Prinzip eine Formalisierung der linguistischen "Kompetenz" erreicht habe, nämlich die Formulierung eines Systems, das die grammatikalische Korrektheit eines beliebigen Sprachausdrucks festzustellen gestattet. Zur Bestätigung seiner eigenen These betont er sodann, daß diese Grammatik keinesfalls genügt, das tatsächliche Sprechverhalten eines Menschen vorherzusagen.

Es ist schwer zu sagen, ob Chomsky meint, eine Formalisierung des Sprechverhaltens gegeben zu haben (er spricht z.B. von "Kompetenz" als einer "Fähigkeit eines idealisierten Sprechers/Hörers, Laute und Bedeutungen zu assoziieren" etc., vgl. Dreyfus 332-335). Auch in meiner Auffassung hat er bloß eine charakteristische Funktion für die Wohlgeformtheit der Zeichenketten einer natürlichen, aber bereits bis ins letzte kodifizierten Sprache nominiert. In Verbindung mit einem Aufzählmechanismus könnte diese Funktion zwar alle zu einem gegebenen Zeitpunkt grammatikalisch korrekten Sätze des Kodex "reproduzieren", aber damit ist etwas Anderes formalisiert als das Sprechverhalten, und man kann diesen Formalismus nicht als Beispiel dafür anführen, daß zur Reproduktion eines Verhaltens ein korrekter Formalismus nicht genüge: wie ad (a) muß man sich auch ad (b) fragen, welcher Art denn eigentlich die erkannten Regelmäßigkeiten sind.

Selbst würde man die generative Grammatik, um zu einem Formalismus der "Performanz" zu kommen, durch ein "semantisches Lexikon" und durch eine vergleichbar lexikalische "Pragmatik" erweitern, wie es viele Linguisten versucht haben, so hätte man immer noch ein ausgezeichnetes Beispiel für das, was ich "flacher Formalismus" genannt habe. Auch hier müßte man fragen, was denn eigentlich damit formalisiert sei. Würde Einer behaupten, "Die wesentlichen Züge des menschlichen

Sprechverhaltens", so könnte man leicht zeigen, daß dem nicht so ist. Es ist diese imaginierte Behauptung, gegen die Dreyfus seinen Standpunkt mit dem Hinweis auf die ja recht häufigen Fälle bebildert, in welchen "ungrammatikalische" Ausdrücke und abwegig scheinende Metaphern klaglos verstanden werden. Eine fertige linguistische Syntax/Semantik/Pragmatik könnte programmiert werden, aber "Programmiertes Verhalten ist entweder zufällig oder strikt regelförmig. Daher muß eine Maschine einen neuartigen Sprachgebrauch entweder als einen unter die Regeln zu subsumierenden klaren Fall behandeln, oder einen Schuß ins Blaue tun. Wer die betreffende Sprache beherrscht (...), mag diesen Gebrauch zwar als seltsam erkennen, als nicht unter die Regeln fallend, aber er kann doch Sinn daraus machen - er kann ihm eine Bedeutung im Kontext des menschlichen Lebens geben, und tut das auf anscheinend nicht-regelförmige und dennoch nicht-zufällige Art" (199). Das ist richtig, und geht doch daneben: einer ernstzunehmenden KI-Forschung kann es nicht um "das Formalisieren des menschlichen Verhaltens" (197) gehen - es gelingt mir nicht einmal, diesem Ausdruck einen anderen als den normativen Sinn zu unterlegen; sie muß nach einer angemessenen formalen Beschreibung des dieses menschliche Verhalten hervorbringenden Apparats suchen.

Auch mir scheint abwegig, das Sprachverhalten auf der Oberfläche der Sprache selbst formalisieren zu wollen, etwa als eine Funktion, welche Sprachausdrücke zu Argumenten und Werten hat. Man muß nach einem generativen Mechanismus Ausschau halten, der sehr viel tiefer liegt als der Chomskysche, ohne doch in einem chaotischen System zu verschwinden. Für die Maschine meiner Metapher ist die Umgangssprache auch nur ein besonderer, relativ selbständiger Modul, der die Intelligenz der Maschine zwar unterstützt, für sie aber nicht notwendig ist. Wenn diese Maschine einen seltsamen Satz antrifft, so wird sie nach Ähnlichkeiten der von diesem Satz direkt aktivierten Modelle in den Strukturen der aktuellen Laufumgebung (und bei Mißerfolg bisweilen darüber hinaus) suchen, den Satz nach Hinweisen in der Laufumgebung ergänzen oder korrigieren, usw. Umgekehrt wird sie nicht ganz selten selbst merkwürdige Sätze ausstoßen, die in der Laufumgebung doch irgendwie verankert sind. Es würde jedoch i.a. - wie bei Menschen - zu einer Wiederholung solcher Sätze besonderer Gründe bedürfen. Das wirft noch einmal die Frage nach dem "Verhalten" und der "Reproduktion des Verhaltens" auf. Die KI-Forschung wäre schlecht beraten, wollte sie sich auf buchstäbliche Reproduktion protokollierter Reiz-Reaktion-Schemata konzentrieren. "Intelligentes Verhalten" muß letztlich die Art und Weise heißen, in der die "Regeln für konkrete Fälle" konstruiert werden, und "Reproduktion des Verhaltens" heißt Herstellung einer Maschine, die solche Regeln unter stringenten Bedingungen (Umwelt aus Maschinen) erfolgreich konstruiert.

Ein anderer in der Öffentlichkeit viel beachteter Kritiker der KI ist John Searle (*1980*, *1984*, *1990* und immer wieder). Ist die Auseinandersetzung mit Dreyfus wegen seiner vielfach unklaren Argumentation schwierig, so ist sie mit Searle von meinem Standpunkt aus eigentlich überhaupt nicht möglich, denn er räumt ohne weiteres ein, daß ein Computer Turings Test bestehen könnte. Ich gehe dennoch auf einige seiner Formulierungen ein, weil er das humanistische Gefühl weit radikaler formuliert als Dreyfus.

Searle meint, Turings Test sei irrelevant, weil auch bei absolut gleicher Leistung von Computer und Mensch auf der Ebene des Terminals der grundsätzliche Unterschied zwischen beiden bestehen bleibe, daß Menschen die ihnen gestellten Aufgaben *verstehen*, während bei Computern von Verstehen prinzipiell keine Rede sein könne. Dieser Unterschied sei in der Tatsache begründet, daß die materielle Konstitution eines Menschen "kausale Wirkkräfte" aufweise, die einem Programm qua Formalismus nicht zukommen können. Diese Kräfte seien es, die 'Intentionalität' erzeugen (zu diesem Ausdruck vgl. Searle *1983*); sie seien jedoch nicht unbedingt an die spezifische materielle Zusammensetzung der menschlichen 'Hardware' gebunden - es könnte intelligente Wesen im Universum geben, die nicht aus Proteinen etc. bestehen. Das allein Ausschlaggebende sei, daß die geeignete materielle Organisation eine "Semantik" hervorbringe, und das könne mitnichten auf formalem Wege geschehen: "Syntax an sich ist weder konstitutiv noch hinreichend für Semantik" (*1990*, 27).

Ich sympathisiere mit Searle insofern, als ich verstehe, daß die Idee zunächst wie totaler Unsinn aussieht, daß - wie in der Metapher - eine Turingmaschine Sinn und Bedeutung oder Inhalt sein soll: man muß sich ja nur eine einfache Turingmaschine ansehen, wie sie in stupider Vorschriftsmäßigkeit Zeichen schreibt und radiert, und sich von den Zeichen in vorgesehene "Zustände" stoßen läßt. Dieses Gefühl verflüchtigt sich jedoch, wenn man am eigenen Leib erfahren hat, wie bei einer eingehenderen Beschäftigung z.B. mit unbekannten mathematischen Formalismen die ursprünglich nackten Zeichen allmählich durch waschechte Bedeutungen untermauert werden, die auf Grund der Versuchsbedingungen nichts anderes sein können als neue Faltungen der zu Beginn vorgegebenen syntaktischen Regeln und Einbettungen in alte Laufumgebungen. Für diese Faltungen und ihre Dynamik ist zugegebenermaßen jeweils ein Hintergrund erforderlich, der für die Introspektion im jeweiligen Rahmen nicht sichtbar ist. Man kann aber in getrennten Bemühungen einzelne Komponenten des jeweiligen Hintergrunds in den "Fokus" bringen, und jedesmal stellt sich heraus, daß die inspizierbaren Mechanismen selber auf die gleiche Art erklärbar sind. Es bleibt meiner Meinung nach, im Prinzip wenigstens, allein das Problem der treibenden Kraft übrig. Da nun Searle glaubt, Intelligenz und Verstehen gebe es nicht nur im Proteinland, so müßte es auch für ihn letzten Endes nur auf die *Steuerung* der Energieflüsse ankommen.

Searle schließt den Anti-Formalismus von Dreyfus kurz, indem er eine Art Substanz-Hypothese für die Produkte des Intellekts aufstellt. "Niemand wird annehmen, daß wir Milch oder Zucker in einer Computersimulation des formalen Ablaufs der Laktation oder der Photosynthese herstellen können." Die Programme der KI sind aber "eine Sache formaler Prozesse und von spezifischen materiellen Ursachen unabhängig, wie dies auf Milch oder Zucker nicht zutrifft" (*1980*, 305). Für das Denken gelte analog: "Kein rein formales Modell kann je, als solches, hinreichend für Intentionalität sein, weil die formalen Eigenschaften als solche Intentionalität nicht konstituieren, und weil sie, für sich genommen, kein kausales Vermögen haben - es sei denn jenes, den nächsten Zustand des Formalismus zu erzeugen, wenn sie auf einer Maschine implementiert sind" (ebenda, 299).

Niemand wird heutzutage bestreiten, daß die Vorgänge, die in Menschen zu intelligentem Verhalten führen, auch Substanzen involvieren, und man wird auch zugeben, daß manche Substanzen in der Erkenntnis eine relativ direkte Rolle spielen können (z.B. könnte die Freude, die man bei einer Einsicht empfindet, auf bestimmte chemische Reaktionen zurückgehen, etc.). Intentionalitätssubstanzen sind freilich noch unbekannt. Um ihn zu verstehen, muß ich Searle den originellen Gedanken unterstellen, daß es in der Natur eine universelle Maschine gibt, die nicht auf internen Zeichen operiert, sondern jede in ihrer externen Kommunikation erscheinende Zeichenkombination intern als je besondere Substanz synthetisiert, welche Substanz sie als Bedeutung der sie in der Außenwelt umgebenden Zeichenkombinationen[35] erlebt. Aber auch dieser Gedanke könnte sich auf unser Nachdenken über die Intelligenz nur dann sinnvoll auswirken, wenn man zeigen oder wenigstens argumentieren könnte, daß diese Maschine auch in der Außenwelt Dinge tun kann, die einer formal beschriebenen, auf einem Computer laufenden - "virtuellen" - Maschine unmöglich sind, Dinge also, die zum Beispiel in Turings Test zum Vorschein kommen müßten.

Die Crux von Searles Argument ist, daß er keinerlei Hinweis darauf gibt, was er unter "Verstehen" versteht - Verstehen beruht eben auf solchen Eigenschaften der Materie, die dem menschlichen Körper qua Ding an sich zukommen. In der Annahme einer außerhalb des formal Beschreibbaren begründeten Sinnhaftigkeit berühren sich Searles Gedanken mit denjenigen des philosophischen Platonismus. Eine platonistische Position ist nach Hilary Putnam dadurch gekennzeichnet, daß sie "geistige Kräfte eines direkten 'Erfassens' von Formen postuliert (es ist für diese Position charakteristisch, daß 'verstehen' oder 'erfassen' ein irreduzibler und unerklärter Begriff ist)" - ein Platonist "behauptet, daß der Geist eine Fähigkeit besitzt, *sich auf externe Objekte* (oder vielleicht auf externe Eigenschaften) *zu beziehen*, die er mit dem guten alten Namen 'Intentionalität' bezeichnet." (Putnam *1964*, 421,433)

Über "Intentionalität" werde ich gleich anschließend ein Weniges sagen. Die Bedeutung des Platonismus für die Diskussion der Künstlichen Intelligenz aber wird bei Penrose (*1988*, *1989*) greiflich. "Es ist eine gewöhnliche Erfahrung, daß ich aufmerksam zuhöre, wenn ein Kollege versucht, mir irgendein Stück Mathematik zu erklären, daß ich aber die logischen Verbindungen zwischen der einen Menge von Worten und der nächsten überhaupt nicht begreife. Jedoch formt sich bezüglich der Gedanken, die er mir übermitteln will, irgendein mehr oder weniger erratenes Bild in meinem Bewußtsein - geformt ausschließlich aus meinen eigenen Voraussetzungen und in scheinbar geringem Zusammenhang mit den geistigen Bildern, welche die Basis des Verständnisses meines Kollegen waren - und ich antworte. Eher zu meinem Erstaunen werden meine Bemerkungen gewöhnlich als angemessen akzeptiert, und die Konversation geht auf diese Art weiter. Am Ende wird klar, daß eine echte und positive Kommunikatioon stattgefunden hatte. Und doch sind die beiderseits tatsächlich geäußerten Sätze offenbar nur sehr selten wirklich verstanden worden!" - "Wie geht es zu, daß mathematische Ideen in dieser Weise übermittelt werden können? Ich stelle mir vor, daß der Geist jedesmal, wenn er eine mathematische Idee wahrnimmt, den Kontakt mit Platons Welt der mathematischen Begriffe aufnimmt ... Wenn man eine mathematische Wahrheit 'sieht', bricht das Bewußtsein zu dieser Welt von Ideen durch" (*1989*, 427,428).

Das klingt doch fast so, als beschriebe man diese Vorgänge vom Standpunkt unseres metaphorischen Organismus aus! Allerdings kommt die Metapher ohne Platon aus: Die Welt der mathematischen Wahrheiten ist die Welt der Strukturen, das heißt der Turingmaschinen. Sie existiert nicht außerhalb der Zeit, in einem gleichzeitigen Vorhandensein aller Maschinen (Penrose *1989*, 446), und nicht einmal außerhalb eines Organismus. Sie wird in der Geschichte entwickelt, doch ist diese Entwicklung vorgezeichnet, insofern eben nur Turingmaschinen in Frage kommen, und auch nur solche, die "interessant" in dem Sinn sind, daß sie ökonomisch in den jeweils historisch gegebenen Rahmen passen. Eine mathematische Einsicht ist die Einsicht, daß eine von einer bestimmten Maschine strukturierte Zeichenmenge auch noch eine andere Struktur hat, und jede derartige Einsicht ist eine mathematische. Präzise Verständigung ist auch dann möglich, wenn die Strukturen in zwei Köpfen verschieden sind, sie müssen nur im Hinblick auf interpersonal charakterisierte Zeichenmengen das Selbe leisten. Ich glaube darüber hinaus, daß bei der Verständigung zwischen sehr fortgeschrittenen Mathematikern oft sogar die identisch gleichen Strukturen in den beteiligten Köpfen arbeiten, einfach weil sich dieses Denken am Rande der menschlichen Kapazität bewegt und verschiedene Köpfe, wenn sie überhaupt hier noch eine Struktur zuwegebringen, sehr wahrscheinlich die selbe bauen werden - zumal diese Struktur auf dem gesamten kodifizierten Wissen der jeweiligen Gegenwart sitzt. Wäre Penrose nicht ein bedeutender mit allen Hilfsmitteln seiner Wissenschaft ausgestatteter Spezialist, sondern ein bescheidener Gründler wie ich, dann würde er dem Umstand viel mehr Beachtung schenken, daß jeweilige Durchbrüche zu Platon oft langsam und qualvoll vor sich gehen, und als Umrenk- und Einrenkversuche teilweise brauchbarer Komponenten in der Selbstbeobachtung überaus deutlich erscheinen.

Penrose *braucht* freilich den herkömmlichen Platonismus, nämlich zur Folie für seine anti-formalistische Theorie des Bewußtseins. Er kann sich zwar auch nur auf die alte hilflose Phänomenologie stützen (*1989*, 406-407), aber seine Erlebnisse plötzlicher Einsicht lassen ihn postulieren, daß die Suche nach ihr als ein gleichzeitiges Ausprobieren ungeheurer Mengen von Kombinationen in linearen Superpositionen erklärt werden muß - in direkter Analogie mit der Wellenfunktion der Quantenmechanik. Die Einsicht sei einem Kollaps der Wellenfunktion analog, und bestehe in einer Rückmeldung aus dem zeitfreien platonischen Bereich; der physikalische Verlauf werde erst in einer korrekten Formulierung der Gravitation unter dem Gesichtspunkt der Quantentheorie im Einzelnen beschreibbar sein, usw. (446 und öfter).

Ich gestehe, daß ich von Penroses physikalischem Apparat gerade noch die umgangssprachlichen Komponenten seiner Darlegung verstehe - soweit man so etwas Verständnis nennen kann. Was ich aber verstehen müßte, und dennoch nicht sehe, ist die aktive Rolle des Bewußtseins in dieser Hypothese, der zuliebe eigentlich Penrose den ganzen Apparat aufstellt; ich sehe nicht einmal, wie Bewußtsein, wie ich es kenne - falls ich es kenne -, aus diesem Apparat entstehen könnte. Wenn die Einsicht, wie ich vermute, nicht mehr ist als ein Umgruppieren bereits vorhandener Strukturen bei eventueller Verdeutlichung ja ebenfalls bereits gegebener Komponenten (und auch in Penroses Beschreibung ist sie nichts anderes), dann genügen sicherlich weit weniger anspruchsvolle Mechanismen zu ihrer Herstellung. "Vielleicht können Berechnungen, wenn sie außerordentlich kompliziert werden, die poetischeren oder subjektiven Qualitäten annehmen, die wir mit dem Wort 'Geist' assoziieren. Aber ..." - auch Penrose hat das humanistische Empfinden - "... es ist schwer, das unangenehme Gefühl zu vermeiden, daß in einem derartigen Bild immer etwas fehlen muß" (*1989*, 449).

'Impulse' werden in irgendwelchen physikalischen Prozessen frei und reisen nach irgendwelchen Gesetzen durch die Welt, bis sie von irgendeiner Maschine irgendwie eingefangen werden. Als Maschinen betrachten wir die raumzeitlichen Orte, an denen so ein Verschlucken und Emittieren, eben ein "Umwandeln" stattfindet; insofern die Impulse auf ihrer Reise Wandlungen aus 'ihnen inhärenten' Gesetzmäßigkeiten durchmachen, sind sie eben selber Maschinen.

Natürlich kommt es darauf an, wie wir die einzelne Maschine aus ihrer Umgebung gedanklich herausschneiden. Wir können ein elementarstes Niveau postulieren, auf welchem "Maschine" nur der Bereich ist, über den sich die Energie des eintreffenden Impulses unmittelbar verteilt. Auf einem anderen Niveau heißt "Maschine" jener raumzeitliche Bereich, auf welchen sich der Impuls mittelbar auswirkt, etwa durch Kettenreaktionen in der Umgebung seines Auftreffens. Auf einem dritten werden wir häufig finden, daß die Maschine auf verschiedene raumzeitliche Impulskonfigurationen verschieden anspricht. Aber die im Grunde nur einen Schritt weiter gehende Behauptung, daß sie auf die *emittierende Maschine* reagiert, macht uns wiederum deutlich, daß wir von der Objektivität all dieser Vorgänge eigentlich nur reden können, insofern unsere jeweilige Vorstellung davon objektiv existiert.

Das mag ins Reine bringen, wer durch solche Fragen geniert ist; mich interessiert hier vor allem die Tatsache, daß wir uns beliebig lange Ketten von Impulswandlern vorstellen können, in denen die letzte Maschine eben immer nur auf die bei ihr ankommenden Impulskonfigurationen anspricht, während ein menschlicher Beobachter die ganze Kette überblicken und in seinem Bewußtsein feststellen könnte, daß die "letzte" Maschine "in Wirklichkeit" auf die "erste" Maschine in der Kette reagiert (und auf die letzte Impulskonfiguration nur in einem gewissen untergeordneten Sinn). Diese Vorstellung bringt manche Philosophen zu der Ansicht: Wäre ich nichts als eine Maschine, so könnte ich niemals "den Mond" sehen - auch dann nicht, wenn für einen Geist offensichtlich ist, daß ich - in der einzigen hier wichtigen Hinsicht - tatsächlich durch den Mond gesteuert bin. - "Was ist der für die Unterstellung möglicher Intelligenz springende Punkt des Seelischen? ... Wie ich keine Photonen sehe, sondern dieses Blatt Papier, so höre ich keine Schallwellen, sondern dich, deine Stimme. ... Es kommt zum Vernehmen der dort lautenden Stimme aber eben dadurch, daß das Bewußtsein im Geschehen des Hörens den Bogen zwischen Schallquelle und Nervenprozeß aufmerksam zurückschlägt: daß es die physikalische Wirkungskette intentional invertiert. ... Es gibt keine physikalische Theorie, die die aufmerksame Invertierung physikalischer Wirkungsketten in irgendeiner technisch reproduzierbaren Weise fassen könnte. ... Nichts in einem Computer läßt sich (...) als intentionaler Akt auffassen" (Franck *1987*).

Wann 'sehe' ich Photonen? Jedenfalls nicht, wenn sie mit meiner Retina interagieren! Aber ich bin nicht meine Retina. 'Ich' 'sehe' ein "Ding", wenn ein Modell in mir durch das Zusammenwirken von Photonen, Auge etc. und Laufumgebung gesteuert wird. Und ich sehe jetzt genau jenen "Gegenstand", "dessen" Modell in mir gerade läuft, und nicht die etwa zwischen ihm und diesem Modell vermittelnden Maschinen - auch nicht wenn ich sie sehen *könnte*, denn wenn ich eine von *ihnen* sehe, dann läuft eben ein anderes Modell. Zum Beispiel kommen meine körperlichen Effektoren nur dann ins Bild, wenn sie selber das Ziel meiner Anstrengung sind. Wenn ich einen Gegenstand bei geschlossenen Augen mit der Hand abtaste, erscheint die Hand normalerweise im Schirmbild nicht; öffne ich die Augen, so nehme ich die Hand normalerweise nur insofern (und marginal) wahr, als sie das visuelle Bild verdeckt - wie ich unter gewissen Umständen auch nicht meinen Schatten wahrnehme obwohl ich ihn im Auge habe, sondern den Mond, den ich nicht sehe und dessen Licht ihn erzeugt; oder eine Tür, aber nicht den Spiegel, der das von ihr reflektierte Licht zum letzten Male bricht bevor es auf mein Auge fällt. In der Metapher sind diese Umstände durch die didaktische Unterscheidung der jeweiligen Projektoren von den jeweils auf den Schirm schreibenden Formen erfaßt.

Mit anderen Worten: Als seine Beobachter müssen wir sagen, daß der Organismus "den Mond" *nie* "hat". Es existieren nur Strukturen "unterhalb" und "oberhalb" des Schirms. "Zwischen" diesen existiert der Schirm als eine energetische Barriere in dem Sinn, daß die Strukturen "darunter" mit denen "darüber" die zu ihrer Bewegung nötige Energie nicht austauschen. Ein Teil dieser Strukturen kann zur Aktivität auf den Schirm gebracht werden, ein anderer verliert sich im Körper, und schließlich in der Außenwelt. Als Ganzer, müssen wir als Beobachter sagen, verhält sich der Organismus den Schirmbildern gegenüber ganz genau so, wie Philosophen meinen, daß Menschen sich der Außenwelt gegenüber verhalten.

Die ganze Frage der Intentionalität beantwortet sich für den fortgeschrittenen Beobachter des Organismus von alleine, obgleich sie für den Organismus selbst, in primitiveren Stadien seiner gedanklichen Entwicklung, ein schwieriges Problem sein kann. In der ersten Phase des Organismus, in welcher er die ersten Modelle der Außenwelt erwirbt, sind die Schirmbilder einfach da (und an dem "Dasein" der Schirmbilder als einziger unmittelbarer Wirklichkeit wird sich bis zu seinem Abschalten nicht das Geringste ändern). Natürlich "merkt" der Organismus allmählich, wie der Beobachter das sagen könnte, daß etwas "Objektives" da ist, denn die Bilder folgen häufig nicht dem Versuch einer Führung durch die Konstruktionsumgebung (das könnte man zu einer Definition für "Außenwelt" umarbeiten, die dann eben in der Tat aus Allem "unterhalb" des Schirms bestünde). Nichtsdestoweniger sind die "Gegenstände" einzig und allein *auf dem Schirm* da. Auch wenn der Organismus die Steuerung seiner Modelle der Außenwelt überläßt und dabei auch seine körperlichen Effektoren in Gang setzt, "lebt" er immer noch ausschließlich auf dem Schirm: Es ist kein "invertierendes" Bewußtsein nötig. Der Organismus "strebt" einzig nach *Orientiertheit*: im engsten Sinn ist er orientiert, wenn sich die Steuerung der Schirmbilder durch die Sinnesorgane mit der Steuerung dieser Bilder aus der Laufumgebung deckt.[36]

Für den Beobachter freilich sind diese Bilder "über Etwas", nämlich Repräsentationen von Gegenständen, die der *Beobachter* getrennt von den Bildern 'sehen' kann. Wie kommt der Beobachter dazu? Er sagt eben: es gibt hier überzeugende strukturale Ähnlichkeiten zwischen den Bildern im Organismus und den Gegenständen in seiner Außenwelt (und er wird heutzutage nicht mehr behaupten wollen, daß solche Ähnlichkeiten in den von den Gegenständen ausgehenden 'Impulsen' oder auch Impulskonfigurationen liegen!). Aber wenn der Beobachter selbst ein Organismus der beschriebenen Art ist, so muß er nicht unbedingt auf den Gedanken kommen, daß diese Ähnlichkeiten nichts weiter als Strukturen in seinem eigenen Kopf sind, daß also auch er die "Gegenstände" nicht "hat". Entwickelt sich das Denken des Organismus ungefähr so wie bei Menschen, dann wird eben auch er beginnen, "über sich selbst" nachzudenken, und früher oder später ein Modell der Repräsentationsbeziehung konstruieren. Er könnte dann in irgendeiner Phase seiner Entwicklung den Gedanken haben, daß sein Bewußtsein den Bogen der in ihm repräsentierten Maschinenkette invertiere, doch könnte er später draufkommen, daß dieser Gedanke eine Sackgasse ist. Er könnte seinerseits ein Modell des Beobachters konstruieren, und dann die ganzen eben beschriebenen

Verhältnisse als eigene Strukturen erwerben. Die Frage der Intentionalität ist, scheint mir, nur mehr eine *technische*.

Das Wort "Bewußtsein" halte ich für eine Bezeichnung bestimmter Vorgänge in der Konstruktionsumgebung: das Registrieren des Schirmbilds und die unmittelbare Zeichenmanipulation ist "bewußt".[37] Eine genaue Abgrenzung scheint mir nicht notwendig, denn ich meine, wie wiederholt bemerkt, daß unsere poetische Alltags-Psychologie, die das Wort geprägt hat, die Verhältnisse zu undeutlich und vielfach falsch zerlegt (das Wort ist ja auch kaum in seinem ganzen Bedeutungsumfang in andere Sprachen zu übersetzen, und Philosophien des Bewußtseins scheinen eine Spezialität des deutschen Sprachraums zu sein). Ich glaube, und habe verschiedene Gründe dafür angegeben, daß Neukonstruktion von Modellen im Unbewußten nicht möglich ist. Das heißt natürlich nicht, daß vorhandene Modelle nur "bewußt" laufen können, aber es heißt, daß die berühmten plötzlich aus dem Nichts auftauchenden Einsichten nicht einer unbewußten Konstruktion, sondern einer unbewußt erreichten Konstellation vorhandener Modelle entstammen: die Strukturen waren schon da.

"Bewußtsein" wird manchmal auch mit Empfindungen, Emotionen und Qualitäten in Zusammenhang gebracht. Empfindungen verstehe ich als Steuerungssignale, die zwar den Schirm erreichen, aber keine spezifischen Modelle mobilisieren. Ich glaube ferner, daß man Emotionen als sehr globale Strukturen zu den Schirmvorgängen rechnen kann, vielleicht als Faktoren, welche die Auswahl von Laufumgebungen beeinflußen. Darüber werde ich anderswo Deutlicheres zu sagen haben. Beschränkt man sich auf Problemlöse-Vorgänge, so spielen nur strukturelle Beziehungen im engsten Sinn eine Rolle.

Die Dinge liegen anders, wenn man sich über die Natur selbst der Vorstellung von Qualitäten Gedanken macht, und hier bin ich, wie gesagt, noch unsicher. "Innere Farben" z.B. scheinen zwar als

Tönungen von Sehflecken aufzutreten, die nach der Imagination von Gegenständen als Träger der jeweiligen Farbe kurz persistieren, aber ich habe dabei noch stärker als bei anderen Eigenschaften der inneren Bilder das Gefühl, daß sie ein Anspringen des jeweiligen Akzeptors ohne den für ihn spezifischen Input sind. Jedenfalls haben sich Farben bei mir nicht zu der gleichen Selbständigkeit entwickelt wie etwa geometrische Formen und abstrakte Relationen, und sie haben in inneren Bildern keine strukturelle Rolle (für Probleme, in welchen Farben sozusagen Phonem-Charakter haben, würde ich sie vermutlich durch indizierende Zeichen ersetzen, und das würde mir ganz selbstverständlich vorkommen). Das mag bei anderen Menschen ganz anders sein, aber ich glaube, daß auch solche Menschen mit Farben wie mit Zeichen umgehen, auf denen Strukturen operieren. Ähnlich steht es bei mir mit den übrigen Qualitäten: sie spielen als solche bei Problemlöse-Anstrengungen keine Rolle, es sei denn, das Problem habe auf die Sinnesqualität selbst Bezug.

Schließlich betrachte ich noch kurz zwei verwandte Gedankenlinien unter dem Aspekt der Metapher: "Enge des Bewußtseins" und "Ich". Die introspektive Feststellung, daß stets nur sehr wenige und überdies jeweils gefühltermaßen miteinander in Verbindung stehende Zeichen auf dem Schirm in Erscheinung treten, erklärt sich meines Erachtens aus den Annahmen, die zur Formulierung der Metapher geführt haben, vor allem aus der Sequentialität von Turingmaschinen. Die zeitgenössische Mathematik argumentiert, daß jeder parallele Prozeß durch sequentielle Prozesse beliebig approximiert werden kann. Das heißt, daß wir uns keinen Fall vorstellen können, in dem Parallelismus etwas *prinzipiell* anderes wäre als Sequentialität (aber daß wir das nicht können, hängt vielleicht damit zusammen, daß unsere klaren Vorstellungen eben selber Turingmaschinen sind). Auch dessen ungeachtet überwiegen in meiner Welt jene Vorgänge, die nur sequentiell (das heißt, auf dem je gegebenen Analyse-Niveau, natürlich immer: sequentiell-parallel), nicht aber "rein" parallel realisiert werden können. (Wiederum - Ein Realist könnte sagen: Ist das eine Eigenschaft der Welt, so impliziert sie eine Gewichtung in der Evolution der Intelligenz. Jedenfalls ist es offenbar eine Eigenschaft meines Verstehens.)

Insofern nun die auf den Schirm schreibenden Vorgänge der Laufumgebung Turingmaschinen sind, werden eben nur diejenigen Zeichen auf dem Schirm erscheinen, die im aktuellen Zug der Maschine erzeugt werden. Insofern die Maschinen modularisiert sind, werden diese Zeichen einfach sein. Wenn Bedarf zur Expandierung vorhanden ist, kommt eben ein anderer Modul in Eingriff. Es wird also das von der gerade laufenden Maschine erzeugte Zeichen das deutlichste auf dem Schirm sein. Die anderen Zeichen werden von den die Nebenbedingungen des Laufs darstellenden Strukturen erzeugt, die angehalten werden, wenn die Hauptstruktur läuft, aber oft aktiviert bleiben - wenn ihre Aktivierung widerrufen wird, erlischt ihr Zeichen eben. Beides zusammen erklärt die Instabilität der Schirmzeichen funktional. Was nun die "Enge" als Enge betrifft, so kann ich nur spekulieren über das Verhältnis von Vor- und Nachteilen einer Kapazität, welche die Nebenbedingungen nicht als sequentielle Modularisierung formulieren muß, sondern zum Beispiel fünf oder zehn unverbundene Nebenbedingungen zugleich als Maschinen laufen lassen kann. Aber ich habe hier schon zu viel spekuliert und setzte nur noch her, daß sich endlich viele Nebenbedingungen, die durch verschiedene Maschinen repräsentiert sind, stets zu einer einzigen, eventuell völlig anders in Moduln zerschnittenen Maschine zusammenfassen lassen: mit Geschick und Glück kann sie der Organismus derart falten, daß immer nur eine einzige (dann eben "ganz anders aussehende") Nebenbedingung für die Konstruktionsumgebung erforderlich ist.

Das "Ich"-Gefühl in allen Schirmvorgängen ließe sich als das Gefühl beschreiben, daß eine Instanz diese Vorgänge zwar nicht unbedingt planvoll, auf kurzen Strecken aber willentlich führt, wobei das "Ich" sich als Zustimmung oder Ablehnung auf dem Schirm meldet. In der Metapher ist für eine "frei wollende" Instanz natürlich kein Platz: was auf dem Schirm erscheint und wie es sich darauf bewegt, ist stets determiniert, und *erscheint* eben, wenn seine Zeit gekommen ist.

Pläne und Absichten allerdings haben eine reale Existenz. Der Organismus kann in von den *Sinnesorganen* abgekuppelten Läufen seiner Strukturen Schirmbilder erreichen, die, zum Beispiel, positiv bewertet werden. Unter gewissen Umständen, die jedermann zumindest ein wenig aus der Selbstbeobachtung kennt, kann der Organismus weiterhin Strukturen konstruieren, die der Beobachter als eine "Absicht" interpretieren könnte, jene positiv geladenen Bilder - oder solche, die unter einer in die Absicht integrierten Form ähnlich sind - durch Impulse aus den Sinnesorganen (und nicht allein aus anderen Modellen) zu erzeugen. Ferner kann der Organismus unter Umständen eine Verschachtelung von Modellen herstellen, die der Beobachter als Plan eines Vorgehens (als Form eines noch zu konstruierenden Modells) interpretiert. In dieser Redeweise ist "Möglichkeit" immer etwas bereits Geschehenes, nämlich ein Lauf eines Modells, der bereits stattgefunden hat.

Was wird in der Metapher aus dem "Selbstbewußtsein"? Zunächst: um allgemein intelligent zu sein muß man nicht wissen, daß man bewußt ist (ein solches Wissen tritt epigenetisch und historisch ja auch recht spät auf). Zum Problemlösen benötigt der Organismus kein Selbstbewußtsein, es wäre im Gegenteil normalerweise äußerst hinderlich. Selbstbeobachtung - also Konstruktion von Strukturen für das Schirmbild unter ganz bestimmten Aspekten - läßt, wie ich schon angemerkt habe, keinerlei Selbst auftreten, es sei denn das erwähnte Gefühl, frei Entscheidungen zu treffen, das übrigens nur gelegentlich erscheint und das ich in jedem Fall für eine Illusion halte: Dinge geschehen auf und "über" dem Schirm, das ist alles. Freilich kann der Organismus auf einer gewissen Stufe seiner Entwicklung beginnen, Modelle seines eigenen äußeren und inneren Verhaltens zu bauen und zu ordnen, und die Organisation dieser Modelle nennen wir "Ich", so, wie ich die Organisation meiner Modelle von dir "Du" nenne (Minsky *1968*).

Und was wird in der Metapher aus diesem Gefühl, eben bewußt zu sein, das jeder so gut kennt und keiner je brauchbar beschrieben hat? Soweit es ein Phänomen ist, das funktionell zu den Leistungen der Intelligenz (im engeren Sinn) erforderlich zu sein scheint, ist es, so glaube ich, in der Metapher dargestellt. Was darüber hinausgeht, ist Material für die Überzeugung eines Menschen, eben doch kein Mechanismus zu sein.

1 Die mit * markierten Worte werden später einigermaßen erklärt. Das "Einfügen" von Strukturen in andere stellt man sich vielleicht am einfachsten als *Akzeptieren von Zwischenresultaten eines *Laufs der eingefügten Struktur durch andere Strukturen aus der *Laufumgebung vor. Speziell zu Ockhams Prinzip siehe etwa Blumer et al. *1987* und Wolpert *1990b*.

2 In der neueren amerikanischen Entwicklungspsychologie werden die behavioristischen Spätfolgen besonders deutlich. Die Konzession an den neuen Zeitgeist besteht aus der Verwendung von "neuen" Interviewmethoden (das Verfahren des "lauten Denkens", s. Newell und Simon *1972*, oder das "klinische Interview" von Piaget, s. die zahlreichen über sein Werk verstreuten Protokollpassagen). Diese Methoden verwehren, jedenfalls in der gegebenen akademischen Ausformung, den Versuchspersonen ebenso wie den Versuchsleitern jegliches Eingehen auf Selbstbeobachtung, aber es ist ja selbstverständlich, daß Protokoll wie Analyse vielfältigen Ausdruck einer hier eben oberflächlichen und zufälligen Introspektion enthalten. Es ist als wachten die Theoretiker eifersüchtig darüber, daß keine neuen Fakten an ihre Theorie herangetragen werden. Die Einkleidung der Analyse in die Ausdrucksweise der Datenverarbeitung resultiert in einer bloßen Systematik des *Outputs*. Man verzichtet auf die Beschreibung einer ganzen, der empirischen Beobachtung durchaus zugänglichen Schicht unterhalb des Outputs und ersetzt die notwendige Spekulation durch das traditionelle Suchen nach dem Output immanenten Gesetzmäßigkeiten (als wäre Denken ein Epiphänomen des Sprechens). Man erleichtert sich zudem durch das Abstecken engster Versuchsbereiche - das ganze

Unternehmen zeigt eine Spur von Sinnhaftigkeit überhaupt nur, weil man sich auf Gebiete beschränkt, in welchen die Versuchspersonen auch nur "mechanisch" vorgehen können oder vorgehen, wo also die flache Beschreibung zur Erfassung der Phänomene auszureichen scheint. Als Beispiel mögen verschiedene Aufsätze in Ginsburg *1983* dienen, besonders Van Lehn *1983*; zur Kritik s. etwa Wiener *1990*. Eine Zusammenfassung der bisherigen Forschungsergebnisse zum "Human Problem Solving" durch Van Lehn (*1989*) legt den geradezu staunenswert primitiven Stand der heutigen Einsichten offen, soweit sie von der Kognitionspsychologie als gesichert betrachtet werden.

3 Wiederum: Wem? Diese Frage entstammt einer intuitiven Vor-Psychologie und hat keine nützliche Antwort; ich verwende Ausdrücke wie 'Bewußtsein' oder 'Ich' ('sehen' gehört ebenfalls in diese Kategorie) als Kürzel für zu erklärende mechanische *Vorgänge* - die vielleicht nur in bestimmten trivialen Hinsichten auf mein heutiges Gefühl beim Gebrauch dieser Worte passen werden. Auf sie ganz zu verzichten liegt nahe, aber die Alternative wäre Erfindung eines Satzes von neuen Ausdrücken, die bis zum Gelingen einer geschlossenen Formalisierung in der Luft hingen und bis dahin auch nur unter vorsichtiger Verwendung der alten Worte verständlich wären. Meiner eigenen Orientierung in dieser Lage einigermaßen sicher, setze ich (einfache) Anführungszeichen hier nur beim ersten Auftreten besonders zweifelhafter Worte, oder zwischendurch, wenn mir neuerliche Erinnerung an ihren dubiosen Charakter opportun erscheint.

4 Die Diskussion unter dem Einfluß Wittgensteins geht an der uralten Einsicht vorbei, daß das Gesteuertsein durch unbewußte "Dispositionen" durch ein Bewußtmachen von 'Regeln' ergänzt oder auch überlagert werden kann,

wodurch sich die Dispositionen verändern, und sie nimmt auch von den Thesen der vergleichenden Psychologie keine Notiz, die verschiedene Arten des 'Lernens' neurologisch und phylogenetisch verschiedenen, doch (beim Auftreten "höheren" Lernens) hierarchisch integrierten Mechanismen zuschreibt. Das Problem, das in diesem Bewußtmachen steckt, kann meines Erachtens nur durch technische Theorien unter Führung der Selbstbeobachtung gelöst werden; das Studium des "Sprachgebrauchs" jedenfalls ist hier wertlos.
Merkwürdigerweise gilt der immer wieder von der Selbstbeobachtung abratende - "Frage dich nun nicht 'Wie geht es mit *mir*?' - Frage: 'Was weiß ich vom Andern?'" -, einen zweifelhaften Begriff von Introspektion propagierende Wittgenstein - "... der Vorgang der Introspektion ist das Wachrufen von Erinnerungen; von Vorstellungen möglicher Situationen und der Gefühle, die man hätte, wenn ...." (*1958*, 206, §587) - vielen Kommentatoren als großer Selbstbeobachter, vielleicht gerade wegen seiner Ablehnung physiologischer wie überhaupt mechanistischer Modelle des Denkens.

5 Zum Beispiel verwenden Oakley und Eames (*1985*) "consciousness" auch für die Arbeit kognitiver Schichten, die nicht bewußt wird, und gebrauchen "self-awareness" ("re-representation" ist ihr Neologismus) für die unter (1) bis (3) angeführten Prozesse. Für Humphrey (*1980*) ist Introspektion durch die Vorgänge unter (2) konstituiert (Introspektion ist seiner Meinung nach einzig im Hinblick auf Gesellschaft und Kommunikation möglich und funktional).

6 Eine solche Beschränkung wäre auch garnicht ratsam. Zwar zeigen sich die Mechanismen der Einsicht auf jedem Niveau als die selben; aber einerseits ist es schwer, auf einem sehr elementaren Niveau ihre Wirkung in allen Facetten deutlich zu machen, und andrerseits scheint die Selbstbeobachtung

auf jenem Niveau tiefer einzudringen, auf welchem die Dinge für das introspizierende Individuum im Flusse und problematisch sind - wo also über den vorhandenen Automatismen eine neue Einsicht entstehen soll. Kurz: meine mathematischen Kenntnisse sind dürftig, aber doch soweit fortgeschritten, daß das elementarste Niveau zu einer Automatik erstarrt ist, in welche neue Einsichten nur von einem doch deutlich höheren Niveau her gelegentlich eingreifen; meine Selbstbeobachtung wäre hier unfruchtbar. (Übrigens bereite ich seit längerem eine Publikation vor, die ausführliche Beschreibungen von Selbstbeobachtungen enthalten wird).

7 Solche Beschreibungen haben, auch schon in der hier bevorzugten Beiläufigkeit, zwei ganz verschiedene Schwierigkeiten zu überwinden. Die eine besteht darin, "den Sinn des Bildes" (oder des ganzen Vorgangs) "in Worte zu kleiden", das heißt eine sprachliche Form zu finden, die den "Sinn" subjektiv so gut wie möglich "einfängt". Die Vorgänge hiebei können sehr verwickelt sein, sowohl in ihren introspektiv beobachtbaren Komponenten als auch was ihre hypothetischen Ergänzungen in Richtung Unbewußtes betrifft. Es wäre ein schwerer Irrtum, anzunehmen, daß die Bildvorgänge ständig von für die Kommunikation brauchbaren Worten und Sätzen oder überhaupt von sprachlichen Wendungen begleitet sind, zu schweigen von der Meinung, sie fänden allein "in der Sprache" statt. Die Suche nach einer sprachlichen Formulierung bewirkt freilich oft neue Schübe im außersprachlichen Geschehen und kann zu anderen Modularisierungen, Profilierungen von Ähnlichkeiten führen, Widersprüche offenlegen etc. Doch ist bisweilen die Formulierung eines Zusammenhangs, den man schon "hat", nicht weniger schwierig als das ursprüngliche Auffinden dieses Zusammenhangs. Bekannt sind zum

Beispiel die Schwierigkeiten von Anfängern, ein ganz durchsichtiges Schirmgeschehen, etwa die Drehung einer "Hyperbel" im "Raum", auf einen vorgegebenen mathematischen Formalismus zu projizieren - mit dem kreativen Akt einer neuen Vorstellung wird nicht selten ein zweiter kreativer Akt der "Übersetzung" nötig, der subjektiv noch mühevoller und zugleich überflüssig scheinen kann. Die Introspektion zeigt, daß es keinesfalls genügt, diese Schwierigkeiten einfach als Probleme der Wortfindung (womöglich "Wortassoziationen" usw.) abzukapseln. Es handelt sich vielmehr offenbar um das Problem, neugefundene Strukturen in subjektiv befriedigender Weise auf jene Strukturen abzubilden, die den bisherigen Wortgebrauch routinemäßig getragen hatten, beziehungsweise diese oder ihn zu ändern (im Fall der Anfänger-Hyperbel etwa ist der darstellende Formalismus eben noch nicht genügend durch Struktur untermauert).

Die Vorgänge bei solchen "Übersetzungen" (richtiger: Morphismen) sind *nicht* die Introspektion in dem Sinn, in welchem ich das Wort verwende. Zum Unterschied davon existiert jedoch die andere Schwierigkeit, die Bildvorgänge von einem Standpunkt außerhalb des jeweiligen Problems zu beschreiben, und das ist gewiß ein Teil der Introspektion. Während im ersten Fall ein Mangel an Worten kaum je eine Rolle spielt, liegt die zweite Schwierigkeit zu einem gewissen Grad im Fehlen einer Theorie der Schirmbild-Erscheinungen, und deswegen sind Wendungen wie "so etwas wie ..." oder "Gefühl, daß ..." zunächst unvermeidlich.

8 "Abstraktion" oder auch "Verallgemeinerung" ist nicht klar verstanden, wenn man mit diesen Worten das "Weglassen von Zeichen" bezeichnet. Das Wegfallen von Zeichengruppen ist die Folge eines Ausscheidens von Strukturteilen. Übrigens erfordert i.a. das Ausmustern von Strukturteilen

einen schöpferischen Akt, weil die auszuscheidenden Komponenten oft erst in einer nur verschachtelt gegebenen Struktur ausmodularisiert werden müssen - es kommt also etwas *dazu*, nämlich neue Moduln in der Laufumgebung.

9 Von einer derartigen Erklärung her wird auch eine wichtige Funktion von *Worten* im Denkvorgang verständlich; sie sind Zeichen von gleichem Charakter, die aber - zum Unterschied von Visualisierungen - vom Organismus unter Zuhilfenahme von *efferenten* Bahnen erzeugt werden können (es existiert zwar ein Rückkopplungskreis Hand/Auge, aber der Kreis Kehlkopf/Gehör hat ihm gegenüber ausschlaggebende Vorteile). Obwohl das offenbar nicht wirklich nötig ist, verwende ich manchmal wortähnliche Gebilde und wohl auch Worte (aber Sätze fast nie), wenn es sich um visuell "unanschauliche" (das heißt wohl nicht mehr als: kompliziertere) Probleme handelt, aber das Gefühl des Denkens bleibt ganz das gleiche und überdies erscheinen immer auch visuelle Eindrücke wie als Hintergrund oder besser Stützschema für die Spracherscheinungen. (Über die Rolle der Sprache für das Denken, die sich in diesen Erscheinungen natürlich bei weitem nicht erschöpft, ist eine eingehende Untersuchung unter Berücksichtigung der Introspektion erforderlich. Ich hoffe, sie nachreichen zu können.)

10 Ich habe in meinem Aufsatz *1988* an derartigen Unterscheidungen ein wenig herumgebastelt, und zwar in polemischer Absicht.

11 Helmholtz (*1896*) schrieb, die Wahrnehmungen seien Ergebnis von unbewußten Induktionen.

12 In welchem Sinn wären diese alten und die neueren Strukturen objektiv? Sie sind es nur, insofern ich sie bin. Die Metapher gestattet es nicht, von "Strukturen der Welt" zu sprechen, ohne einen strukturierenden Organismus anzugeben.

13 In dieser Bedeutung habe ich den Ausdruck bei D.C. Dennett gefunden (*1984*, 15,16).

14 Wenn nun auch die Entwicklungspsychologie, bedingt durch ihre Geschichte, noch nicht allzu viele brauchbare Hinweise geben kann, so haben sich doch neuerdings gerade auf diesem Gebiet einige Fortschritte von dem neuen Wissenszweig der "Computational Neuroscience" her ergeben, für den hier vertretungsweise Edelman *1987*, Pellionisz und Llinas *1985* und Rumelhart et al. *1986* stehen mögen (s. auch die Einführung Churchland *1986*). Diese Ideen betreffen Mechanismen der Sensomotorik und des Gedächtnisses in grundlegenden und, wenn angesichts der Kompliziertheit der Vorgänge das Wort erlaubt ist, elementaren Aspekten, und zwar vorwiegend aus Bereichen, die der Selbstbeobachtung nicht zugänglich sind.

Es ist hier nicht Raum für die Diskussion, ob die bisher ersonnenen Mechanismen zur Erklärung der unbewußten Kognition oder gar der eigentlichen Intelligenzleistungen hinreichen könnten, doch glaube ich nicht, daß das "Einpendeln" (relaxation) der Perzeptrone der PDP-Gruppe, das "Ausglühen" (annealing) der "Boltzmann-Maschine" von Hinton und Sejnowski, oder die "Harmonie" Smolenskys (vgl. insbes. Kapitel 14, 6 und 7, Rumelhart et al. *1986*), soweit publiziert, zur Erklärung der Konstruktion von Turingmaschinen unter Nebenbedingungen genügt, wie sie der menschliche Verstand ständig leistet. Das thermodynamische Gleichnis in seiner eingeführten Allgemeinheit ist verfehlt, wo es um ein zweckgerichtetes Ineinanderrenken von Stukturteilen und Moduln komplizierter und vielfältiger Bauart geht. Ein Durcheinanderschütteln und Setzenlassen eines Breis oder einer Wolke von Ersatzteilen wird keine funktionierende und einem vorgegebenen Zweck entsprechende Maschine hervorbringen - die Konstruktion final bestimmter Strukturen schwimmt ja im Gegenteil gegen den Strom der Entropie und muß die Bilanz in kanalisierter Weise ausgleichen. Auf die gleichen Schwierigkeiten werden, so meine ich, die von Pellionisz und Anderen untersuchten Abbildungen von Vektoren in Zustandsräumen stoßen, sobald es notwendig wird, den in Frage kommenden Operatorenverknüpfungen eine rekursive Form zu geben; das ist aber in meiner Ansicht unerläßlich, wenn man die Produkte der Intelligenz erklären will.

Das von Smolensky besprochene konkrete Beispiel (Rumelhart et al. *1986* Band 1, 240f.) und die damit verwandten Vorstellungen von Serialität im menschlichen Denken (Kapitel 14 in Band 2) müßten ganz andere Erscheinungen der Selbstbeobachtung zur Folge haben als ich sie feststellen kann. Es handelt sich dabei allerdings nicht um kreative Vorgänge im engeren Sinn, und ich will nicht bestreiten, daß solchen Maschinen eine Rolle "unterhalb des Schirms" zukommen könnte. Allerdings scheint mir einer näheren Prüfung der Gedanke würdig, ob sich die Apparate Smolenskys und Hintons, unter noch zu formulierenden Führungsmechanismen, nicht vielleicht zur Konstruktion von Maschinen hergeben, wenn man ihre "Wissensatome" durch Strukturteile ersetzt.

15 Diesen Verlegenheitsausdruck könnte man etwa durch die Festsetzung verdeutlichen, daß der Projektor als eine Struktur von *Zeichenketten einer "tieferen" Schicht* verstanden werden soll. Das träfe z.B. auf materiale Lese/Schreibköpfe von Turingmaschinen zu. Andererseits liegen die Verhältnisse klar zutage, wenn man z.B. eine charakteristische Funktion auf externen Zeichen - verkörpert als Modul einer Turingmaschine, dessen Output Zeichen für die weitere Verarbeitung liefert - als Projektor auffaßt.

16 Die "Dualität" von Maschinen und Zeichen - Die Menge aller Zeichenketten, die eine gegebene Turingmaschine herstellen etc. kann vs. Die Menge aller Turingmaschinen, die eine gegebene Zeichenkette herstellen etc. können - hat dennoch einen didaktischen Wert.

17 Man kennt solche Situationen, und nicht nur aus der Selbstbeobachtung (ein introspektives Beispiel wäre das mit totaler Leere abwechselnde streckenweise Verstehen bei der Betrachtung von Banchoffs Computerfilm über den vierdimensionalen Würfel); eines ihrer Kennzeichen ist, daß, manchmal minutenlang, Rettung von der (unbewußten) Mustererkennung erwartet wird, man starrt auf das Geschehen, "ausgerastet".

18 Diese Art der Betrachtung gibt Hinweise darauf, wie es möglich ist, mit Zeichen zu "rechnen", wenn diese Zeichen die Stelle von Strukturen vertreten. Eine Interaktion von Maschinen A und B in der Natur kann regelmäßig neue Maschinen vom Typ einer bestimmten Struktur C zum Ergebnis haben, und ein bestimmter Aspekt dieses Ergebnisses mag nur von ganz bestimmten Formen von A und B abhängen. Es genügt dann eine Form dieses Verknüpfungsgeschehens in mir, um den Vorgang auf irgendwelchen Namen (der den Maschinen A und B in mir entsprechenden Strukturen) zu reproduzieren. Das Ergebnis des internen Laufs sollte ein Zeichen sein, das ich zu jener internen Struktur expandieren kann, die der "draußen" neu entstandenen Maschine C entspricht, d.h. es müssen die gleichen Projektoren anwendbar sein, die mein "inneres Bild" hergestellt haben. Man kann von einer Art Homomorphismus von Strukturen auf Namen reden, muß sich dabei aber vor Augen halten, daß zu der jeweils geeigneten Art von Zeichenverknüpfung meist ein ganz eigener Apparat, eine Grammatik, erforderlich sein wird, die

in Abstimmung mit all den anderen angedeuteten Maschinen bestimmt, wie das Ergebnis der Zeichenverknüpfung aussieht. In der Praxis sind das natürlich komplizierte Entwicklungen, die oft auf mehreren zeitlich weit voneinander getrennten Stufen erfolgen. Habe ich z.B. die relevanten Komponenten nicht zweckmäßig identifiziert, so muß ich in einem ersten Schritt auf meine Strukturen von A und B, und auf die tentative Form der Verknüpfung zurückgreifen. Oft wird auch das nicht genügen, weil schon meine Formen und erst recht meine feineren Strukturen von A und B nicht stimmen; dann muß ich A und B selbst aufs neue beobachten, um die nötigen Änderungen vorzunehmen. Eine Garantie auf Gelingen habe ich auch bei konzentriertestem Fleiß nicht.

19 Zum Beispiel "bedeuten" für viele Studenten Matrizen zunächst euklidische Vektorenmengen, für die sie vorgeformte Strukturen besitzen. Im Verlauf der ersten Beschäftigungen mit ihnen (Verknüpfungsgesetze etc.) werden sie zu fremdartigen Gebilden, die nur mehr prekär durch Vektor-Vorstellungen in "Sinn" verankert bleiben (es bedarf z.B. einer gewissen Anstrengung, das innere Produkt als einen Aspekt der Matrizenmultiplikation befriedigend auf ein vektorielles Geschehen zu projizieren). Dann aber gewinnen die vorübergehend "rein formal" gewesenen Manipulationen langsam wieder ein Eigenleben, und es können Operationen "sinnvoll" werden, die in Gestalt von euklidischen Vektoren nur mehr schwer nachvollziehbar sind - ja der Student fragt sich, welche der zahlreichen möglich gewordenen Interpretationen (z.B. der Wirkung einer Matrix auf einen Vektor) im jeweiligen Fall die zweckmäßigste wäre. Später werden an die Stelle von Matrizen lineare Abbildungen gesetzt usw.

20 "Wirklichkeit ist ein Traum, der aus dem Sensorium gesteuert wird" - der Ursprung dieses Aphorismus ist wohl bei den ersten Philosophen zu suchen. - Es ist auch klar, daß Schirm und interne Sensomotorik nicht völlig durch die Außenwelt ersetzt werden können, denn die Außenwelt verkörpert die Strukturen einer Laufumgebung nicht in der erforderlichen fluiden Weise, in welcher sie mühelos geschnitten oder ineinander eingesetzt werden können, usw.

21 Das Hin-und-her zwischen Zeichen und ihren in der Zeichenmanipulation verborgenen Strukturen spiegelt eine Eigenschaft der menschlichen kreativen Maschinerie wieder, welche häufig als eine Einschränkung bezeichnet wird, nämlich die beschnittene Kapazität des Schirms; ich denke aber, daß jede Maschine mit den hier geforderten Fähigkeiten ähnlichen Beschränkungen unterliegen muß (s. auch den letzten Abschnitt).

22 An dieser Stelle wäre ein Beispiel für die beschriebenen Abläufe besonders angebracht. Aber ich kann darauf verzichten, den Leser mit einem weiteren und notwendig sehr viel umständlicheren Ausflug in die Selbstbeobachtung zu beanspruchen, denn in der Tat enthält meine Darstellung selbst alle erwähnten Elemente: Ich habe vorgeführt, wie man in dem Versuch, eine Struktur für die Arbeitsweise der Intelligenz zu gewinnen, eine Turingmaschinen-ähnliche Beschreibung introspektiver Vorgänge erlangt, indem man, auf Zeichen operierend, in einzelne Strukturen dieser Zeichen zurückgeht - im vorliegenden Fall Strukturen der Zeichen "Zeichen", "Struktur", "Sinnesorgan" usw. -, indem man Projektoren auswechselt oder neu konstruiert, Betrachtungsebenen wechselt und gewonnene Teilstrukturen zusammensetzt usw.usf. Ich habe bloß meine zahlreichen abortierenden Anläufe verschwiegen. Zugleich zeigt dieses Beispiel meines Erachtens, wie das Wort "Selbst-

referenz" zu verstehen ist, und daß es überhaupt nichts Mysteriöses bezeichnet, es sei denn, man wolle mit "mysteriös" die Ungeheuerlichkeit des erforderlichen Apparats charakterisieren.

23 Von gewissen flachen Programmen (s. etwa Samuel *1963, 1967*) wird behauptet, sie lernten. "Lernen" ist dabei so weit gefaßt, daß solche Beiträge zur Definition wenig hilfreich sind. Sie "lernen" bloß auf vorgegebene Strukturen bezogen, durch geschickt programmierte Indizierung neu auftauchender Zeichenketten, und nicht durch Faltung. Dieser Ansatz hat sich im übrigen, keineswegs überraschend, einer Verallgemeinerung entzogen.

24 Das mag für Nicht-Mathematiker unglaublich klingen, besonders wenn sie sich vergegenwärtigen, daß von *endlichen* Zeichenmengen die Rede ist; aber in der Tat müßte ein effektives Programm das Halteproblem für Turingmaschinen lösen. Die zu einer beliebig vorgegebenen Maschine im angesprochenen Sinn äquivalenten Maschinen können nur, wie es in der Fachsprache heißt, rekursiv aufgezählt werden.

25 Bei mathematischen Studien z.B. kann man beobachten, wie man solche Werkzeuge als Turingmaschinen baut. Fertiggestellt, laufen sie natürlich nicht in allerfeinster Expansion - quasi unterhalb des Schirms, in atemberaubender Geschwindigkeit. Man hat sie als Formen, die man beim Auftauchen konkreter Probleme expandiert, die Projektoren laufen oft holprig und das Ganze bedarf konzentrierter Aufmerksamkeit. Ständiger eintöniger Gebrauch kann dazu führen, daß die Ableitung des Werkzeugs neuerlich erhebliche Mühe bereitet, und ähnlich läßt Nichtgebrauch oft nur gewisse Landmarken der Laufumgebung übrig.

26 Selbstverständlich ist der Computer so programmiert, daß seine Reaktionen die Tester als intelligente Antworten

beeindrucken sollen, aber der ganze Aufwand wäre für die sachliche Diskussion wertlos, wenn die Programmierer nur auf das "Gefühl" der Tester, auf unsystematische Erwartungshaltungen, oder auf systematische Erwartungen bestimmter Klassen von Testern spekulieren würden. Noch weniger annehmbar wäre natürlich ein systematisches Ausklammern etwaiger heikler Bereiche ("Mein lieber Tester, von diesen Dingen verstehe ich nichts!"): man müßte schon einen erheblichen "Bildungsstand" des Programms erwarten dürfen.

27 Jedenfalls zufolge der Church-Turing-These.

28 Ein Phänomen dieser Beschränkung ist die Tatsache, daß ein Mensch keine Kriterien dafür hat, ob die Zeichenkombination, die eine sich für ihn durch einen Schnitt ergebende neue Einsicht bezeichnet, nicht auch "flach" formal abzuleiten wäre (Vgl. den nächsten Abschnitt).

29 Vielleicht wollte Gödel mit dem im Zitat etwas auffälligen Einschub "raumzeitlich" andeuten, daß etwas der herkömmlichen Physik Unbekanntes am "Sinn" beteiligt sei; immerhin gibt unsere Metapher zu bedenken, daß Strukturen eben nicht zu den Gegenständen einer objektiven, d.h. auf die Außenwelt beschränkten Physik gehören kann, denn die Struktur eines 'Objekts' ist zunächst einmal eine Eigenschaft eines 'Subjekts', sie ist nicht effektiv meßbar, usw.

30 Letzteres ergibt sich aus der uns vorgegebenen Kapazität in Verbindung mit der vorgegebenen Sensomotorik. Es ist uns auf natürliche Weise vorgegeben, welche Aspekte uns elementar erscheinen - z.B. jener Ausgangspunkt zu Erkenntnisattacken auf die Natürlichen Zahlen, welcher durch die uns natürlich erscheinende Interpretation der Axiome Peanos charakterisiert ist.

31 Ich erwähne (auch in Ergänzung des letzten Absatzes im Abschnitt *Kreativität* oben) zwei weitere wichtige Umstände:

Erstens können wir, im Besitz gefalteter Turingmaschinen, mit dem Unendlichen umgehen: das Unendliche ist als beliebige Wiederholbarkeit der Zyklen dieser Maschinen (und damit als eine ihrer Formen) begreiflich, d.h. wir sehen es *in der Maschine* verkörpert, und nicht nur in irgendwelchen Zeichen symbolisiert; und zweitens verstehen wir die Verneinung in doppelter Hinsicht, nämlich einmal als Zeichen, das formalen Gesetzen unterliegt, und ein andermal als das Ins-Leere-Greifen einer konkreten Struktur (d.h. schließlich wiederum als Aspekt).

32 Ich fasse den Satz von Löwenheim als ein weiteres starkes Argument dafür auf, daß menschliche Einsichten Turingmaschinen sind.

33 Die Beziehung besteht mindestens in zwei Hinsichten: einmal weil die beiden Maschinen auf Zeichenmengen operieren, deren Durchschnitt nicht leer ist (er enthält die empirischen Zeichenketten, die von beiden erklärt werden müssen), und zum zweiten weil die beiden Laufumgebungen viele Komponenten gemeinsam haben.

34 Deswegen meine ich auch, daß die Perzeptrone der PDP-Forscher umso weniger als technische Beschreibung der Intelligenz in Frage kommen, je "distribuierter" relevante "Information" in ihren "Konnektionen" erscheint - als Intelligenz könnte ich hier nur einen *zusätzlichen* Prozeß auffassen, der die distribuierte "Information" systematisiert.

35 "Das mechanische Gehirn scheidet nicht Gedanken aus, 'wie die Galle die Gallenflüssigkeit', wie es die frühen Materialisten behauptet haben, und sein Output besteht nicht aus Energie, wie derjenige der Muskeln. Information ist Information, nicht Materie oder Energie", meint schon N. Wiener (*1948*, 155). Einen für die Intelligenzforschung fruchtbaren Begriff von 'Information' hat freilich auch er noch nicht besessen.

In meiner Redeweise werden nur Energiemodulationen "gesendet", nicht Informationen. Die Übertragung von Information ist nur *beabsichtigt*, insoweit beim Sender der Modulationen Modelle vom Empfänger (und dessen Modellen, etc.) im Spiel sind. Eine Information ist in meiner Redeweise eine Struktur von Zeichenketten, deren Übertragung, *als Struktur*, nur unter so speziellen Voraussetzungen möglich ist, daß sie - beim heutigen Stand der Neurologie etc. - für die menschliche Kommunikation nicht in Frage kommt.

36 Diese Vorstellung muß natürlich um jene Voraussetzungen erweitert werden, die es gestatten, auch von Orientiertheit im inneren Milieu zu sprechen - andeutungsweise: wenn die Steuerung durch die Konstruktionsumgebung nicht in jeder relevanten Hinsicht durch Widerstände aus der Laufumgebung verhindert wird.

37 Für eine Beschreibung des Traumbewußtseins (und, wie ich vermute, gewisser psychotischer Bewußtseinszustände) muß man die konstruktiven Vorgänge subtrahieren.

Literatur

Anmerkung: die in Zitaten kursiv erscheinenden Worte stehen so im Original.

Anderson, J.R.

1983 *The Architecture of Cognition*, Cambridge, Mass.: Harvard University Press.

Arbib, M.

1964 *Brains, Machines, and Mathematics*, New York: McGraw-Hill.

Bennett, C.H.

1988 Logical Depth and Physical Complexity, in Herken, 228-257.

Blumer, A., A. Ehrenfeucht, D. Haussler und M.K. Warmuth

1987 Occam's Razor, in *Information Processing Letters* 24, 377-380.

Churchland, P. Smith

1986 *Neurophilosophy / Toward a Unified Science of the Mind-Brain*, Cambridge, Mass.: MIT Press.

Crick, F.H.C.

1979 Thinking about the Brain, in *Scientific American* 241, 219-232.

Dennett, D.C.

1984 *Elbow Room / The Varieties of Free Will Worth Wanting*", Cambridge, Mass.: MIT Press.

Dixon, N.F.

1981 *Preconscious Processing*, Chichester: Wiley.

Dotzler, B.J.

1989 KNOW/L/EDGE / Versuch über die Verortung der Künstlichen Intelligenz, in *MaschinenMenschen*, Katalog zur gleichnamigen Ausstellung in der Staatlichen Kunsthalle Berlin.

Dreyfus, H.L.
1979 *What Computers Can't Do* (1972), Zitate nach der 2. überarbeiteten Auflage New York: Harper & Row.
Edelman, G.M.
1987 *Neural Darwinism*, New York: Basic Books.
Franck, G.
1987 Menschlicher Geist und Künstliche Intelligenz, in *Merkur/ Deutsche Zeitschrift für europäisches Denken* 41. Jahrgang Heft 11, 956-958.
Ginsburg, H.P.
1983 (Hg.) *The Development of Mathematical Thinking*, Orlando: Academic Press.
Gödel, K.
1931 Über formal unentscheidbare Sätze der Principia Mathematica und verwandter Systeme I, in *Monatshefte für Mathematik und Physik* Vol.38, 173-198.
1958 Über eine bisher noch nicht benützte Erweiterung des finiten Standpunktes, in *Dialectica* 12, 280-287.
Goodstein, R.L.
1963 The Significance of Incompleteness Theorems, in *British Journal for the Philosophy of Science* Vol. XIV No. 55.
Graubard, S.R.
1988 (Hg.) *The Artificial Intelligence Debate / False Starts, Real Foundantions*, Cambridge, Mass.: MIT Press.
Helmholtz, H.
1896 *Handbuch der physiologischen Optik*, 2. Aufl. Hamburg und Leipzig.
Herken, R.
1988 (Hg.) *The Universal Turing Machine / A Half-Century Survey*, Berlin: Kammerer & Unverzagt.

Hillis, W.D.
1988 Intelligence as an Emergent Behavior; or, The Songs of Eden, in Graubard, 175-189.
Hofstadter, D.R.
1981 A coffeehouse conversation on the Turing test to determine if a machine can think, in *Scientific American* 244.
Humphrey, N.K.
1980 Nature's Psychologists, in B.D. Josephson und V.S. Ramachandran (Hg.), *Consciousness and the Physical World*, Oxford: Pergamon Press, 57-75.
Koppel, M.
1988 Structure, in Herken, 435-452.
Laird, J.E, A. Newell und P.S. Rosenbloom
1987 Soar: An architecture for general intelligence, in *Artificial Intelligence* 33(1), 1-64.
Lucas, J.R.
1961 Minds, Machines, and Gödel, in *Philosophy* 136.
McCorduck, P.
1988 Artificial Intelligence: An Apercu, in Graubard, 65-83.
Minsky, M.
1968 Matter, Mind, and Models, in M. Minsky (Hg.), *Semantic Information Processing*, Cambridge, Mass.: MIT Press.
Moor, J.H.
1976 An Analysis of the Turing Test, in *Philosophical Studies* 30.
Nagel, E. und J.R. Newman
1959 *Gödel's Proof*, London: Routledge & Kegan Paul.
Newell, A., P.S. Rosenbloom und J.E. Laird
1989 Symbolical Architectures for Cognition, in Posner, 93-131.
Newell, A. und H.A. Simon
1972 *Human Problem Solving*, Englewood Cliffs: Prentice-Hall.

Nisbett, R.E. und T.D. Wilson

1977 Telling More Than We Can Know: Verbal Reports on Mental Processes, in *Psychological Review* Vol. 84 Nr. 3, 231-259.

Oakley, D.A. und L.C. Eames

1985 The plurality of consciousness, in D.A. Oakley (Hg.), *Brain & Mind*, London: Methuen, 217-251.

Osherson, D.N., M. Stob und S. Weinstein

1986 *Systems That Learn*, Cambridge, Mass.: MIT Press.

Pellionisz, A. und R. Llinas

1985 Tensor network theory of the metaorganisation of functional geometries in the central nervous system, in *Neuroscience* 16, 245-273.

Penrose, R.

1988 On the Physics and Mathematics of Thought, in Herken, 492-522.

1989 *The Emperor's New Mind*, Oxford: Oxford University Press.

Posner, M.I.

1989 (Hg.) *Foundations of Cognitive Science*, Cambridge, Mass.: MIT Press.

Post, E.

1965 Notes, auszugsweise abgedruckt in M. Davis (Hg.), *The Undecidable / Basic Papers On Undecidable Propositions, Unsolvable Problems And Computable Functions*, Hewlett, N.Y.: Raven Press.

Putnam, H.

1964 Models and Reality, in P. Benacerraf und H. Putnam (Hg.), *Philosophy of Mathematics*, Englewood Cliffs, N.J.: Prentice-Hall. Zitiert nach der zweiten Ausgabe Cambridge: Cambridge University Press (1983).

Rumelhart, D.E., J.L. McClelland and the PDP Research Group
1986 *Parallel Distributed Processing*, 2 Bände, Cambridge, Mass.: MIT Press.

Russell, B.
1948 *Human Knowledge / It's Scope and Limits*. Zitat 6. Auflage London: Allen and Unwin (1976).

Samuel, A.L.
1963 Some Studies in Machine Learning Using the Game of Checkers, in E.A. Feigenbaum und J. Feldman (Hg.), *Computers and Thought*, New York: McGraw-Hill, 71-105.
1967 Some Studies in Machine Learning Using the Game of Checkers, II - Recent Progress, in *IBM J. Res. Dev.* Vol. 11, no. 6.

Scriven, M.
1960 The Compleat Robot: A Prolegomena to Androidology, in S. Hook (Hg.), *Dimensions of Mind*, New York: New York University Press. Zitiert nach der Ausgabe New York: Collier (1961).

Schreber, D.P.
1903 *Denkwürdigkeiten eines Nervenkranken*, Zitate nach dem Nachdruck Frankfurt am Main: Syndikat (1985).

Searle, J.
1980 Minds, Brains, and Programs, zuerst in *The Behavioral and Brain Sciences* 3, 417-424. Zitate nach dem Wiederabdruck in J. Haugeland (Hg.), *Mind Design*, Montgomery, Vt: Bradford Books (1981).
1983 *Intentionality*, Cambridge: Cambridge University Press.
1984 *Minds, Brains and Science*, Cambridge, Mass.: Harvard University Press.
1990 Is the Brain's Mind a Computer Program?, in *Scientific American* 262.

Shepard, R.N.
1978 Externalization of Mental Images and the Act of Creation, in B.S. Randhawa und W.E. Coffman (Hg.), *Visual Learning, Thinking, and Communication*, New York: Academic Press, 133-189.

Shepard, R.M. und J. Metzler
1971 Mental rotation of three-dimensional objects, in *Science* 171, 701-703.

Tolman, E.C.
1948 Cognitive maps in rats and men, in *Psychological Review* Vol. 55, 189-208.

Turing, A.M.
1950 Computing Machinery and Intelligence, in *Mind* 59.

Van Lehn, K..
1983 On the Representation of Procedures in Repair Theory, in Ginsburg, 197-252.
1989 Problem Solving and Cognitive Skill Acquisition, in Posner, 527-579.

Webb, J.C.
1980 *Mechanism, Mentalism, and Metamathematics / An Essay on Finitism*, Dordrecht: Reidel.

Wiener, N.
1948 *Cybernetics / or Control and Communication in the Animal and the Machine*, New York: Wiley.

Wiener, O.
1984 Turings Test, in *Kursbuch* 75, 12-37
1988 Form and Content in Thinking Turing Machines, in Herken, 631-657.
1990 Kambrium der Künstlichen Intelligenz, Nachwort zu H.A. Simon, *Die Wissenschaften vom Künstlichen*, Berlin: Kammerer & Unverzagt, 175-228.

Wittgenstein, L.
1958 *Philosophical Investigations*, Oxford: Blackwell.

Wolpert, D.H.
1990a A Mathematical Theory of Generalization: Part I, Part II, in *Complex Systems 4*, 151-249, Complex Systems Publication.
1990b The Relationship between Occam's Razor and Convergent Guessing, ebenda 319-368.

Internationaler Merve Diskurs

61 Foucault, Mikrophysik der Macht
64 Negri, Staat in der Krise
65 Lowien, Weibliche Produktivkraft - andere Ökonomie?
67 Deleuze/Guattari, Rhizom
68 Foucault/Deleuze, Der Faden ist gerissen
69 Lyotard, Das Patchwork der Minderheiten
71 Cixous, Die unendliche Zirkulation des Begehrens
72 Kollektiv A/traverso, Radio Alice
75 Lyotard, Intensitäten
77 Foucault, Dispositive der Macht
79 Baudrillard, Kool Killer oder Der Aufstand der Zeichen
80 Virilio, Fahren, fahren, fahren...
81 Baudrillard, Agonie des Realen
82 Irigaray, Das Geschlecht das nicht eins ist
83 Klossowski/Foucault/Blanchot/Deleuze, Sprachen des Körpers
84 Deleuze, Ein Nietzsche-Lesebuch
86 Klossowski, Römische Damen
87 Charles, John Cage oder Die Musik ist los
88 Lyotard, Apathie in der Theorie
89 Barthes, Was singt mir das Lied
90 Virilio, Geschwindigkeit und Politik
91 Deligny, Ein Floß in den Bergen
94 Cixous, Weiblichkeit in der Schrift
95 Deleuze, Kleine Schriften
96 Ozaki, Artikulationen
97 Blanchot, Die Literatur und das Recht auf den Tod
98 Veyne, Foucault und der Eisberg der Geschichte
99 Godard, Liebe Arbeit Kino
100 Szeemann, Museum der Obsessionen
102 Lyotard, Affirmative Ästhetik
103 Kneubühler, Im Wald des einzigen Bildes
104 Heiner Müller, Rotwelsch
106 Minus Delta t, Plus, Das Bangkok-Projekt
107 Genet, Fragmente
109 Foreman, Warum ich so gute Stücke schreibe
110 Seitter, Der große Durchblick
111 Kostelanetz, American Imaginations
112 Baudrillard, Laßt Euch nicht verführen!
113 Barthes, Cy Twombly
115 Charles, Musik und Vergessen
116 Virilio/Lotringer, Der reine Krieg
118 Fitzgerald, Der Knacks / Deleuze, Porzellan und Vulkan
119 Seitter, Lacan und
120 Szeemann, Individuelle Mythologien
121 Foucault, Von der Freundschaft